Paula Ron

La vida es bella

São Paulo

Copyright 2019 Paula Ron

Todos los derechos reservados

a mi madre, Lydia

INDICE

VIAJES POR EL MUNDO
Por el mundo   9
Un viaje de diez mil millas...   15
Mi vida en movimiento   17
Mis ciudades adoptivas   29
Mi país. Mi ciudad Buenos Aires.   43
Mis casas. Nuestras casas   53

VIAJES POR MI MUNDO
Tu reloj   73
La bicicleta   77
Mis hijas. Nuestras hijas   81
Los abuelos y los nietos   103
Rua tupi, terapia a las 13:30 h   111

CARTAS
a mamá   117
a papá   135
a tía Irma   141
a mis hermanos   145
a mis hermanas del alma   149
a Salva   151
a Panchi   155
a Diego   159
a mis hijas   163

A modo de cierre   168
La autora   169

Al lector

Era febrero del 2014, yo vivía en Singapur y hacía meses que sabía que mi madre estaba enferma de cáncer. Tres meses antes, el 1 de noviembre nos habían dado el diagnóstico, cáncer de vesícula y vías biliares, pero ya tenía metástasis en hígado. El pronóstico era desalentador, le quedaban pocos meses de vida. Un día de febrero recibí el llamado de mi hermana Melania, me dijo: "los médicos dicen que le quedan unos pocos días". Sin dudarlo, fui a la agencia de Qatar, en el centro de la ciudad, y saqué un vuelo para esa misma noche. Había visitado a mi madre en diciembre, pero necesitaba verla otra vez.

Jamás lloré tanto en un viaje de regreso a Buenos Aires, no sabía si a mi llegada mamá aún estaría con vida. Llegué a Ezeiza tarde en la noche, después de 24 horas del vuelo más largo de mi vida. Mariana, mi hermana, me estaba esperando, dijo: "vamos directo al hospital, tengo la comida y *champagne* en el auto, no quiero que se caliente, hay que festejar". Esa noche estábamos todos, papá había llegado de Uruguay, Sebastián de Córdoba, Manuel de Estados Unidos y yo de Singapur. Mis hermanas, Melania y Mariana, vivían en Buenos Aires y la acompañaban durante el día en el Hospital Italiano. Esa noche brindamos, festejamos estar juntos, el regalo más grande que te da la vida, la familia.

Esa noche aprendí que la tristeza y la felicidad se juntan para ayudarte a decirle adiós a un ser tan querido. Esa noche aprendí que la vida a veces duele, que no es eterna, y también, lo bello que es vivir.

Mamá se quedó con nosotros hasta el 25 de marzo del 2014. No estuve cuando murió, yo tenía que volver a Singapur. El día más triste de mi vida fue cuando me despedí de ella en la casa de Devoto. Mamá no caminaba, estaba postrada en la cama con morfina. Me acerqué a ella, la abracé y le dije al oído:

–Te amo hasta el infinito y más allá.

–Llevate mi perfume, el que siempre te pones a escondidas.

Mamá y su generosidad de siempre. Fui a buscarlo, lo puse en la maleta y salí para el aeropuerto. Sabía que no volvería a verla.

Tiempo después de su muerte quise comprar el perfume, pero como no sabía el nombre, llevé el frasco vacío a una tienda y se lo mostré al empleado.

–Quiero este mismo perfume.

El empleado regresó con una caja y dijo:

–El perfume se llama "La vida es bella".

En octubre del 2015, mientras desembalaba los canastos de la mudanza aquí en São Paulo, encontré la caja vacía del único CD que me había regalado mamá hacia tiempo. En las mudanzas siempre se pierden cosas. Recordé que mamá había marcado la canción número cinco "escúchalo Paula, es un canto a la vida", dijo. Lo hicimos juntas, en silencio, en la casa de Devoto. Esa canción era "La vida es bella"…

"La vida es bella" como el nombre del perfume, como el nombre de este libro y como mensaje de ella para mí, "no dejes de jugar, no pares de soñar, que una noche la tristeza se irá sin avisar y al fin sabrás lo bello que es vivir".

Con estas palabras comienzo el libro dedicado a mi madre. Ella fue mi despertador para relatar mis vivencias de estos últimos años en los que me descubrí construyendo una familia itinerante. La muerte de mamá me conectó con mis memorias infantiles, volcadas en palabras a través de las cartas a mis seres queridos.

Para vos, Lydia, para vos, mami.

Viajes por el mundo

Por el mundo

Acerca de cómo se aprende a viajar por el mundo poco hay escrito, no muchos pueden expresarlo en papel, sí hay un boca a boca que nos vamos contando los que vivimos viajando de país en país. Compartimos experiencias, algunas recomendaciones, dónde vivir, qué colegios elegir, datos sobre médicos o la documentación necesaria para el nuevo destino y en dónde encontrar nuestros "productos argentinos", como si ellos pudieran saciar el hambre, el vacío, de nuestra alma itinerante. Es un aprendizaje en movimiento, en la dinámica del cambio permanente.

Viajar por el mundo es plantarse de cara al futuro un día, hacer las valijas y emprender la partida. Es no ser de aquí, ni ser de allá, es ser un poco de todos lados.

La primera vez que te vas y dejás tu país, en el aeropuerto, abrazás a tus seres queridos con un nudo en el estómago y ganas de llorar, es la angustia de dejar lo querido, lo conocido. Subís al avión con la incertidumbre de lo que vendrá y sin saber, si a tu vuelta, ellos estarán allí esperándote.

Viajar por el mundo es saber que esa despedida se convierte en el sabor más amargo que jamás probaste. Pero con la cabeza en alto, simulando que todo está bien, ponés tus pies en migraciones y sin mirar atrás, sin que se vean tus lágrimas, emprendés la partida.

Viajar por el mundo es no saber muy bien que harás en el nuevo país, pero una vez ahí, de alguna manera, sin saber cómo, armás nuevamente tu vida: nuevas mañanas, nuevos lugares, nuevos amigos, nuevos desafíos. Y después de un tiempo, a veces más corto, a veces más largo, te volvés a acostumbrar, te volvés a adaptar y tenés la certeza de que los lugares pueden cambiar, pero al mismo tiempo tienen algo conocido, y que eso conocido, sos vos habitando esos "nuevos" lugares.

Viajar por el mundo es asumir que eres la hermana, la amiga, la tía, la hija que nunca está físicamente y sobre todo perdonarte que tu madre tenga que pasar por el dolor de aceptar a una hija a la distancia. Es saber que la distancia separa cuerpos, no corazones. El corazón desconoce las geografías, el amor de ahí está en el otro lugar al mismo instante.

Viajar por el mundo te enseña a saber dónde mirar, qué buscar, dónde encontrar tu calma, a vivir por uno mismo. Con el tiempo descubrís que hay lugares que se repiten de ciudad en ciudad, de país en país. Hay parques, bares, diseño de calles y algunas esquinas que tus ojos ya han descubierto en otros lugares.

La segunda vez que dejás un país es más fácil. Hay menos miedos, menos incertidumbres. Ya sabés el sabor que tiene lo nuevo, no todo es tan amargo como la primera vez y la partida puede tener un sabor diferente, agridulce. Se es consciente de la tristeza y la riqueza de lo que se deja atrás y de la sorpresa que espera en el nuevo y desconocido país. Es el encuentro con el maravilloso sabor de lo nuevo que refresca, que anima, que deslumbra y que también interrumpe.

Viajar por el mundo es como dice la Canción de las simples cosas, "uno vuelve siempre a los viejos sitios donde amó la vida y entonces comprende cómo están ausentes las cosas queridas". Se aprende que la vida está hecha de pequeñas cosas y que en cada país se dejan cosas queridas que permanecerán en uno.

Viajar por el mundo es más que 'itinerar' (escribo esta palabra y descubro que este verbo no existe en el RAE -Real Academia Española-, pero para mí es la que representa mi vida en movimiento) de un país a otro. Es saber que en algún lugar alguien te está esperando, alguien que la vida pondrá en tu camino porque es ahí, en ese nuevo lugar, donde irás a buscarlo. Y esos nuevos amigos quedarán en tu vida como hermanos del alma, porque aun cuando no los veas con frecuencia, sabés que estarán para siempre. Serán parte de tu familia itinerante. Llevarás un tu equipaje el recuerdo de cada uno de ellos.

Un viaje de diez mil millas…

Hay que animarse a dar el primer paso en ese viaje de diez mil millas. Muchas cosas cambian cuando se vive de país en país, de alguna manera es como empezar de nuevo, la familia se reacomoda pero, por suerte, hay cosas que no cambian…

Todas las mañanas estoy ahí sin falta, soy parte del ritual del desayuno de la mañana. Imposible perderse el despertar de la familia, esas caras de sueño aún dormidas, todavía un poco mal humoradas que se van conectando lentamente con el día. De a poco comienza a aparecer alguna sonrisa, alguna palabra, a buscar lo que hay que llevar al colegio, a conversar sobre lo cotidiano, a pensar y planificar lo que el día les demandará a cada uno de ellos. Yo estoy ahí para darles algo tibio, calentito, y que de alguna manera ayude y reconforte la pereza que trae el despertar.

A veces me empacan por un tiempo. A veces tengo que quedarme guardada por meses en cajas horribles que siempre son marrones ¿no existe otro color? Envueltos en papel englobado, junto con otros compañeros de viaje, nos depositan en lugares oscuros y húmedos hasta que llegamos al nuevo puerto y al nuevo destino de la familia, la nueva casa.

Después de tantos lugares, de tantas casas, de tantas cocinas diferentes hay algo que no cambia: toda la familia reunida cerca de mí. Es cuando comprendo por qué en mi frente llevo escrita la siguiente frase "un viaje de diez mil millas comienza con el primer paso". Todo comienza otra vez: el café de la mañana. Tengo que decir que después de tantos viajes fui sufriendo algunos golpes, no estoy igual, en la última mudanza casi pierdo mi parte más importante. Por suerte, apenas me desembalaron, la encontraron a mi lado y la pegaron a mi cuerpo. Estaba feliz, sin estar completa mi vida no sería la misma y no podría seguir siendo parte del momento más importante de la vida familiar.

Algo que cambiaba, según el país donde estuviera, era la comida que me acompañaba: a veces, eran tostadas francesas, a veces, omelettes de jamón y queso; a veces, waffles; a veces, solo frutas; a veces, cereales; a veces, tapioca; a veces, jamón serrano con pan francés. Siempre estuve acompañada por mi fiel compañero, el jugo de naranjas.

Ser parte del ritual de la mañana hace que mi vida dentro de la casa tenga un sentido especial. Tengo la certeza de que siempre hay un día, en algún lugar, donde todo comenzará otra vez, con nuevos sueños, con deseos de ser feliz en el nuevo hogar, en la nueva escuela, en el nuevo trabajo, en la nueva vida.

Mi vida en movimiento

Cinco países, ocho casas, muchas mudanzas, cajas marrones y cintas de embalar, muchos aviones, muchos amigos, hermanos del alma encontrados en el camino, millones de trámites, registros de conducir, certificados de antecedentes policiales, legalizaciones en el Ministerio de Relaciones Exteriores, ciudadanía española, ciudadanía italiana... Nacionalidades que nos vimos obligados a buscar cuando pensábamos que no volveríamos a la Argentina y que nos sumergió en el pasado de abuelos y bisabuelos. Así fuimos en la búsqueda de sus partidas de nacimiento: por la de mi abuelo Manuel, fuimos a Navelgas, Oviedo, España, y a Italia, Casalbuono, por los ancestros de Diego. Mi vida en movimiento.

En el mientras tanto, nacían nuestras hijas, hacíamos sus partidas de nacimiento y yo me preguntaba: ¿alguien buscará en el futuro las partidas de nuestras hijas?, ¿cómo circulará el mundo?, ¿nuestras hijas emigrarán? ¿seguirán con esta vida itinerante? En un mundo cada vez más globalizado nadie sabe qué sucederá. Coni y Euge nacieron ciudadanas del mundo. Ellas han mantenido a través de estos años sus tres identidades, su identidad argentina, la de los países donde nacieron y vivieron, y la de ciudadanas del mundo que están construyendo en su vida itinerante..

Trámites y más trámites. Escribo la palabra 'trámite', la busco en el diccionario y descubro que proviene del latín *transmeare* un verbo que significa: pasar de un lado a otro, circular. Mi vida en movimiento.

Nos fuimos moviendo de país en país, de casa en casa. Nuestras casas preciosas, nuestros hogares construidos, nuestras calles, nuestros parques, espacios que con el paso de los días se hacen nuestros lugares. El primer hogar, esquina Av. De los Incas y Triunvirato, en Buenos Aires, lo elegimos por practicidad, estaba cerca de mi trabajo y del subte B para ir al centro, aunque el subte nunca llegó mientras vivimos allí. Después, fue un departamento antiguo en Berlín occidental, en un barrio turístico de la ciudad, cerca del Tiergarten. En Madrid, primero fue un apartamento rodeado de la vida activa madrileña, bares, parques, locales a la calle, la noches de verano parecían no terminar nunca. Después nos mudamos a una casa en la sierras de Madrid, cerca del colegio de las chicas, el King's College. Inolvidable la vista de nuestra habitación mirando a la sierra y el camino al colegio enmarcado de árboles. Cuando volvimos a vivir en Buenos Ai-

res, nos deslumbró un piso alto con vista al hipódromo y al Río de la Plata, cerca del parque de Palermo, pero surgió la oportunidad de construir y ahí nos mudamos. El edificio lo terminamos en el año 2012, fue un proyecto que lo conocimos desde su gestación en planos y lo vimos terminado solo en dos años, sus terrazas verdes y su luminosidad me encantaban. No imaginábamos que lo disfrutaríamos poco tiempo, pronto volamos más lejos que antes, a Singapur, Asia, unas 28 horas en total si juntamos el tiempo de vuelo y las escalas. Allí nos esperaba un condominio tropical a pocos minutos del Botanic Garden. Hoy estamos más cerca de la Argentina, en São Paulo, Brasil, y tenemos la suerte de vivir a poca distancia del parque Ibirapuera, el pulmón verde de esta inmensa ciudad de cemento y edificios por doquier. Mi vida en movimiento.

Cada ciudad, cada cultura, la fui observando, la fui comprendiendo en movimiento. En los aeropuertos, arriba de los aviones, abajo en los subterráneos, por las calles en bicicleta, y también, caminando. En los *arrivals* de los aeropuertos suelo observar cómo en cada país se recibe a los seres queridos, hijos, hermanos, amigos, parejas, padres, que regresan a su tierra…

En Alemania, era normal que en el ritual de recibimiento hubiera flores junto con un abrazo emotivo, casi siempre una persona sola recibía al viajero, al recién llegado. De alguna forma, las flores incomodaban al momento del abrazo y quedaban aplastadas o descuidadas por un instante. Después se separaban, se miraban a los ojos y se entregaban las flores de bienvenida.

En Madrid, los que regresaban eran esperados por casi toda la familia española, no importaba a qué hora llegaba el vuelo, si era temprano o tarde en la noche, la familia estaba presente, esperando. No había un solo abrazo al recién llegado, había un abrazo multitudinario, un abrazo mezclado con lágrimas, llantos de alegría y todos hablando a la vez. No había lugar para las flores. Todo era espontáneo.

En Buenos Aires, el recibimiento es una mezcla de la cultura española con la italiana. Ezeiza, en diciembre, es un mar de lágrimas. Muchas familias llegan para pasar las fiestas. Muchas familias esperan a esos seres queridos que viven lejos, tan esperados, tan extrañados. Hubo veces, que nosotros llegábamos y hacía meses o años que no veíamos a los nuestros. Cuando el avión iniciaba el aterrizaje yo comenzaba a preguntarme como sería mi sobrino nuevo, aunque lo había visto en fotos por Internet, lo quería sentir, sostener en mis brazos. Pensaba cuán grandes estarían mis sobrinos, cuán mayores estarían mis padres. Bajar del avión, verlos ahí esperándonos era emocionante, es una sensación que quedará en mi memoria y en mi corazón para toda la vida. Tengo el recuerdo vivo de la tía Irma esperándonos en Ezeiza con su bastón, con su pelo gris, con sus casi 80 años, porque quería ver a Eugenia que había nacido en Madrid y quería abrazarla. Recuerdos felices y tristes a la vez. Personas que ya no están y que por años estuvieron ahí esperándome, esperándonos. Sí, en diciembre, en Ezeiza,

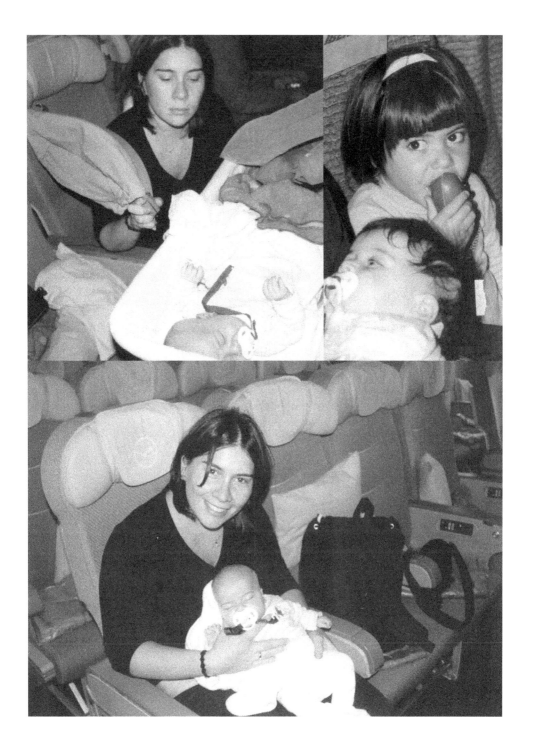

hay mucha emoción.

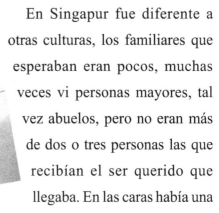

En Singapur fue diferente a otras culturas, los familiares que esperaban eran pocos, muchas veces vi personas mayores, tal vez abuelos, pero no eran más de dos o tres personas las que recibían el ser querido que llegaba. En las caras había una emoción contenida no expresada en lágrimas ni con flores, una alegría que parecía medida, pero que sin duda era alegría. En sus sonrisas, en esos abrazos prolongados se percibía amor. Hoy, vivo en Brasil, todavía no sé la manera en que aquí se recibe a los seres queridos. Hasta ahora he visto sobre todo choferes esperando a pasajeros, supongo que se debe a que la ciudad es grande y al tránsito agobiante. A nosotros, en aeropuerto de Guarulhos, nos espera Claudimir, nuestro motorista aquí en São Paulo. Mi vida en movimiento.

Nuestra vida en movimiento esta ligada a los aviones y al momento de elegirlos preferimos las aerolíneas locales por una cuestión de practicidad. Cuando empezaron nuestros viajes, no sabía que en los aviones había una fuente de descubrimiento de otras culturas. Me detengo a observar a las azafatas más que a los pasajeros.

Las azafatas de Luthansa (líneas aéreas alemanas) están entrenadas, son las más eficientes, trabajadoras, pero no las más simpáticas. Nada puede estar fuera de la regla antes de despegar, la posición de las butacas, la posición de la cuna del bebé, los pasillos libres en caso de emergencia. Ellas no se relajan nunca durante el vuelo, logran hacerlo después del aterrizaje, los pasajeros bajan del avión y ellas con expresión aliviada cuando te dicen *aufwiderseen*. Embarazada de siete meses y medio de mi primera hija, Coni, solo me animé a viajar con ellas. Sabía, sin dudarlo, que en caso de una emergencia o de un parto adelantado, ellas serían capaces de asistirme en vuelo. No tuve miedo de viajar a punto de dar a luz.

Las azafatas de Iberia (líneas aéreas españolas) son simpáticas, tam- bién trabajadoras y responsables, pero no tan eficientes como las alemanas. Apenas subíamos al avión nos encantaba escuchar ese acento español diciendo "que os apetece tomar hoy". Casi siempre, en los vuelos internacionales, eran mujeres de más de 50 años, se las notaba apuradas por servirnos y cumplir con su tarea. Seguro que las estaban esperando sus familias y por eso se inquietaban si algún pasajero se demoraba en bajar o si surgía algún imprevisto que demorara su vuelta a casa.

En Aerolíneas Argentinas, después de un par de vuelos, dejamos de contratarla, muchos paros, problemas y demoras hicieron que cambiáramos por Iberia. Las azafatas solían ser amables, me ayudaron mucho con mis hijas pequeñas. Les hablaban, les traían cositas para dibujar o armar rompecabezas, se quedaban charlando conmigo sobre sus hijos, y la difícil vida de azafata. Recuerdo a una que contaba sobre la bancarrota de la aerolínea y del poco presupuesto, mientras yo pensaba que debía ocuparse de atender al resto de los pasajeros. No eran estrictas con sus obligaciones, pero lo compensaban con su buena onda argentina.

Singapore Airlines fue la aerolínea que más me gustó. Los vuelos siempre en horario y sus azafatas reúnen, en mi opinión, la combinación ideal, disciplina, eficiencia, buenos modales, simpatía y disposición para ayudar a los pasajeros.

Me encantaban sus uniformes, tenía un diseño de arabescos en tonos de azul, tanto me gustaba que me compré un paraguas con esos dibujos. Mi gran duda era saber cómo podrían moverse en una emergencia con esos uniformes de faldas largas, ajustados al cuerpo

Aunque aún me queda mucho por conocer de oriente, civilización con años de sabiduría, me cautivó desde el primer instante que desembarqué allí. Es una cultura que vino a quedarse en mí para siempre. Hoy sigo practicando el Reiki, terapia japonesa, también acupuntura de la cultura china y en mi escritorio, en el cual estoy ahora escribiendo, tengo una fuente de agua con la figura de un buda sentado. Oriente, su filosofía de vida, su gente, también ya son parte de mi casa, de mi vida.

Y por último, Gol, una aerolínea que tiene la virtud de tener vuelos siempre puntuales. A pesar de la manera brusca de aterrizar y de un embarque más desordenado que en otros aeropuestos, tienen buena predisposición al servicio, y sonrisas que lo compensan todo. Después de un par de años aprendí a quererlos.

El contacto con los pasajeros sucede al subir y bajar del avión y por el tiempo del viaje, a veces más corto, a veces más largo. Cada país, cada cultura, nos revela una manera de comportarnos en el vuelo, colocar el equipaje de mano en el maletero, llamar a las azafatas, pedir la comida y cómo manejarse en embarques y desembarques. Pasajeros como los alemanes y los singapurenses, más tranquilos y educados, entendían el tiempo de espera mejor que nosotros, sobre todo la pausa, el respeto al otro. No importaba si había un vuelo de conexión esperando, no importaba si había que volver a casa después de un largo viaje, no había necesidad de correr, se podía esperar. Si nos tocaba sentarnos al lado de alguno de ellos, era interesante observar sus buenos modales y educación: hijos con mochilas perfectamente preparadas con juguetes, algo para colorear, y por supuesto, un osito o muñeco preferido para ayudarlos a dormir en el avión, muchos ya iban vestidos con piyamas al aeropuerto. Los adultos leían concentrados el periódico o algún libro. En la hora de las comidas nadie molestaba a nadie. El hablar era moderado, las conversaciones cesaban durante la noche.

Cuando comenzamos a viajar con Iberia, Aerolíneas Argentinas, Gol o Latam, observamos que esta dinámica cambió. Todo es más atropellado, apenas el avión aterriza, sin haber llegado a la manga asignada, los pasajeros ya están de pie, imposible para las azafatas frenar esa urgencia. Todo es más ruidoso al subir, al bajar, nunca queda sitio para colocar el equipaje de mano. Supongo que como latinos llevamos impreso en nuestro genes esa agitación mezcla de italianos con españoles que no nos da tiempo a esperar.

Me pregunto cómo habrán sido los viajes de nuestros abuelos y bisabuelos por meses en el barco, compartiendo días y noches de nostalgia y de expectativa sobre el inquietante futuro en una tierra desconocida. Ellos no tenían opción, el tiempo de espera era impuesto por la larga travesía, llegar a destino llevaba días, meses, oportunidad que aprovechaban para encontrar nuevos amigos, que luego se convertirían en familia en esa tierra extraña. Ahora, para nosotros, todo es más rápido, llegamos en pocas horas a destino, estamos conectados a Internet por Whatsapp al instante que aterrizamos. Me pregunto ¿esta velocidad nos beneficia o nos limita la posibilidad de aprender el valor del tiempo de espera?

Después de tantos años viajando, ahora nosotros preferimos ser los últimos en bajar del avión. De país en país, de cultura en cultura, de aerolínea en aerolínea, aprendimos que las pausas y los tiempos de espera ayudan a hacer más ligera esta vida viajera. Mi vida en movimiento.

Mis ciudades adoptivas

Todo comenzó un día en la cocina de nuestro primer departamento en Av. de los Incas, mientras preparábamos la cena Diego dijo: "mi jefa, Ivonne, me preguntó si queremos vivir en Berlín, hay una posibilidad de trabajo en la central en Daimler, Postdamer Platz. Ella piensa que sería una buena oportunidad para nosotros". Sin dudarlo, le dije: "sí, qué buenooooo"

Así, con esa breve conversación, comenzó nuestro andar viajero. Berlín era un destino excitante por su trayectoria, su historia, sus guerras.

Pasados unos días comunicamos a la familia nuestra decisión, nos mudaríamos en seis meses a Berlín, junio de 2000. Papá y mamá recibieron la noticia con alegría, de ellos había heredado la curiosidad por viajar, la riqueza de descubrir nuevos lugares. La tía Irma se puso triste, lloró en la cocina de la casa de mis padres en Villa Devoto. Ella me decía que no volveríamos y yo que era solo por tres años.

Diego fue el primero en viajar a Berlín, mientras yo organizaba la mudanza con la ayuda y el apoyo incondicional de mamá. Ella se ocupó de colaborar con los empleados en el inventario y la numeración de las cajas. La tarea de papá fue ayudar con los artefactos eléctricos, descolgando lámparas, envolviendo lo frágil con delicadeza. En ese momento, no tenía la dimensión de lo que implicaba mudarse a otro país, además pensaba que sería solo por un par de años.

Mamá, atenta a los detalles, nos regaló "La oración de los peregrinos", que me acompañó en todas mis casas, y está enmarcada aquí, en São Paulo, en la cocina.

Que la tierra se vaya haciendo
camino antes tus pasos,
Que el viento sople
siempre a tus espaldas,
Que el sol brille cálido
sobre tu cara,
Que la lluvia caiga
suavemente sobre tus campos,
Y hasta tanto volvamos a

encontrarnos,
Dios te guarde en la palma de su mano.

A lo largo de todos estos años, esta oración llenó de sentido mi vida itinerante:

Los caminos se abrieron,
el viento ayudó cuando ya no quedaban
fuerzas para seguir,
el sol reconfortó cuando se necesitaban caricias,
la lluvia mantuvo fértil lo sembrado
durante estos años viajeros:
la familia, los amigos, las experiencias
vividas en lugares de culturas tan diferentes.
Mis ciudades adoptivas.

Desembarcábamos en la nueva ciudad y nos preguntábamos en qué barrio vivir, qué tipo de vida encontraríamos allí, cuáles serían "nuestros" lugares. Los elegidos fueron aquellos que nos transmitían movimiento, lugares en donde se desplegaba la vida de la ciudad, lugares activos, lugares que vibraran por sí mismos.

Comenzábamos a vivir la ciudad y en algún momento lo cotidiano se hacía una rutina, y esa rutina quedaba marcada por las mismas caras, las mismas calles, los mismos sitios, las mismas comidas.

En Berlín, la costumbre que más nos gustó fue el *brunch* los domingos por la mañana que preferíamos disfrutar en el lado este de la ciudad, sobre todo en el barrio de Prenzlauer Berg, que en época comunista acogía a la disidencia y a la resistencia al régimen. En estos tiempos el ambiente es relajado, viven jóvenes familias berlinesas alternativas. Muchos edificios de esta zona no fueron alcanzados por los bombardeos de la Segunda Guerra, lo cual hace del barrio un lugar encantador con edificios del 1900. Aquellos desayunos eran interminables, comenzábamos a las 11 de la mañana y terminábamos a las tres de la tarde. Aprovechábamos el tiempo para estar con amigos, alemanes o de otros países, compartir anécdotas. Cuando estábamos solos nos gustaba observar a los berlineses, gente distinta de nosotros, respetuosa de las diferencias, con estilos de vestir personales y conversaciones para nada ruidosas, pero sí animadas. Todos parecían serenos y conectados con ellos mismos. Había muchos solos en las mesas leyendo algún libro o periódico del domingo como el Berliner Zeitung o Tagespiegel que, como todo periódico de domingo, les llevaba horas leer. Cerca de casa, sobre la avenida Kufürstendamm (Kudamm), estaba KaDeWe (Kaufhaus des Westens). Mi lugar preferido para comprar lo que necesitara, encontraba todo tipo de tarjetas, papeles y cartas para regalos. De los alemanes, admiré y copié sus detalles para hacer de cada regalo un objeto único. Los alemanes aprecian tanto lo que regalan como su envoltorio. Están atentos a las pequeñas cosas. En la parte de arriba de KaDeWe está el salón Gourmet con variedad de comidas de todos lados del mundo, en los días grises berlineses íbamos con frecuencia a almorzar allí. Adoraba tanto este centro comercial que mi amiga Oorlagh me regaló un *teddy bear* vestido con la camiseta de ese lugar, me reí mucho al recibirlo. Ahí compré la colección de vasos de cerveza y las tazas Ritzenhoff, pintadas a mano por diferentes artistas. Me enamoré de sus colores y sus diseños.

En Madrid, el café de la mañana era imperdible para todos sus habitantes, nosotros hicimos de este ritual algo nuestro. Diego partía para el trabajo 7:30 de la mañana para desayunar con sus compañeros y yo, después de dejar a las chicas en King's College, siempre que podía, tomaba un café en el bar de Mila. Ella estaba ahí para preparármelo, no preguntaba qué quería, ya lo sabía. Intercambiábamos un breve diálogo sobre lo cotidiano, mis hijas, su hijo, alguna noticia importante del día. Después, comenzaba mi rutina diaria. Los domingos que podíamos nos gustaba compartir ese café con la familia Toledo en algún bar cerca de casa, en la avenida Corazón de María. Mariana y Coni adoraban desayunar juntas.

Esos bares madrileños, como la Parrilla de Juan en la plaza de Los Gatos, ofrecían distintos tipos de tapas que a Coni le gustaba probar, mientras nosotros tomábamos el famoso "aperitivo", podía ser una caña o una clara, frecuentábamos estos lugares al caer la tarde en esos días de verano que no terminaban nunca, acompañados por nuestros amigos y vecinos incondicionales, Panchi y José, "los uruguayos". Si necesitábamos comprar alguna cosa, en épocas de navidades, o cuando comenzaba el colegio, nuestros sitio preferido era la tienda El Corte Inglés, en la calle Preciados, cerca de la Gran Vía. Ahí encontrábamos de todo, libros, uniforme del colegio, ropa, calzado, adornos de decoración navideños, productos típicos españoles para llevar de regalo a los amigos y a la familia en la Argentina.

En Singapur, ¡todo era tan diferente! Nos preguntábamos cómo encontrar esa rutina de lo cotidiano, cuáles serían nuestros lugares, qué tipo de comida nos gustaría. De a poco, probando la cocina tailandesa, japonesa, india, china, y la de indonesia fuimos experimentando y nuestro paladar se acostumbró a un nuevo abanico de sabores. Nuestro placer por la comida oriental se instaló dejando huellas, aun aquí en São Paulo nuestro lugar preferido es el restorán japonés Kosho. En la avenida Orchard Road, casi todos los viernes por la tarde, después de regresar de las clases de español, las chicas preferían comer en Din

Tai Fun, amaban los dumplings. Siempre había que esperar y nos entreteníamos mirando a través del vidrio cómo los cocineros los preparaban. Nos impresionaba su velocidad, precisión y destreza, tanto, que tenemos algún video grabado de este arte. Todo era rápido y eficiente, te daban un menú al llegar, marcabas lo que querías comer, el mozo te asignaba la mesa y en 10 minutos tu comida estaba servida. En Singapur adquirimos la costumbre de acompañar las comidas con té caliente.

A cinco minutos de casa, mi lugar preferido era Dempsey Hill, con tiendas de muebles, de decoración de todo tipo y restoranes diversos. Ahí compramos muchos de los objetos asiáticos que tenemos aquí en casa en São Paulo, en la que hay una mezcla de estilo. El restorán que más me gustó es Jim Thompson de comida tailandesa, en Dempsey Hill, la decoración, la música, las bailarinas, el uniforme de los mozos, la armonía del lugar me cautivó. Íbamos solos, con amigos, cuando nos visitaban parientes, y lo elegí también para despedirme de mis amigas de Singapur. Cada vez que necesitábamos hacer compras, las chicas para los cumpleaños, cosas para el cole o alguna compra de último momento antes de viajar, íbamos al Tanglin Mall, centro comercial a pocas cuadras de casa. Tenía un poco de todo, ahí compré los vestidos y collares más lindos que tengo de Asia, el diseño, la calidad de las telas y sus combinaciones de colores eran súper atractivos. Era mi lugar para encontrarme con amigas para almorzar o tomar un café y compartir charlas interminables.

Aquí en São Paulo, vivimos cerca de la Praça Pereira Coutinho, en Vila Nova Conceicão, los cafés de los alrededores, sus árboles frondosos, se hicieron nuestros lugares para pasear a Mimi todos los domingos por la tarde. Cerca de casa tenemos, a pie, la veterinaria, Vila Nova Pet, en donde los sábados Mimi toma su baño, la peluquería Beta Coiffure, en donde Diego se corta la barba, las chicas y yo nos hacemos las uñas, y cada tanto nos cortamos el pelo. Nuestro barrio conocido, los sábados Diego y las chicas disfrutan del mercado callejero. Les fascinan la variedad de productos tropicales, siempre regresan con flores y frutas nuevas para degustar. Nuestros paladares descubrieron un arco iris de sabores que perdurarán para siempre en nosotros. Las chicas adoran tomar suco de Açai con granola y frutillas, les encanta la tapioca y el restaurante japonés Kosho. Los viernes que podemos cenamos ahí, los mozos nos dan la mesa de siempre. Así, una vez por semana, Singapur sigue siendo parte de nuestra vida itinerante. Si tenemos nostalgia de nuestro país, en la calle Comendador Miguel Calfat, está el restorán argentino Corrientes 348, lugar donde las empanadas y el ambiente tienen sabor a nuestras raíces.

Y vivimos las ciudades… esquinas conocidas, lugares conocidos, caras conocidas. Mis ciudades adoptivas.

Cada una de ella nos muestra su historia, su cultura, su civilización y está presente en los hombres, mujeres y niños que la habitan.

En Europa, tanto en Berlín como en Madrid, quedé sorprendida por el respeto a las reglas: los pasos peatonales, los semáforos y la basura reciclada o depositada en el lugar correcto, y también por el buen funcionamiento de lo público. Me sentí a gusto en esas ciudades donde hay respeto por el otro, donde es posible apreciar el beneficio colectivo sobre el individual.

En Singapur, encontré los mismos valores ciudadanos que había descubierto en Europa, y esos valores sociales y culturales quedaron impregnados en mí. Aprendí a través de mis vivencias el significado de la responsabilidad ciudadana. Aprendí la importancia de la planificación y proyección en educación, salud, vivienda, empleo, como pilares para un futuro mejor. Aprendí también que las personas podemos comunicarnos aunque hablemos distintos idiomas, que existen "otros lenguajes", un gesto, una mirada, una sonrisa. Sin saber chino mandarín o malayo, y a veces sin comprender el inglés (singlish) que se habla en Singapur pude entenderlos y hacerme entender.

Caminando fui descubriendo la historia de mis ciudades.

En Berlín, se convive con las marcas tangibles e intangibles que dejaron sus dos grandes guerras, la Segunda Guerra Mundial y la Guerra Fría. Una iglesia bombardeada y no reconstruida como recordatorio de lo vivido, el este con edificios heridos por las balas y los bombardeos, el muro que dividió a familias y amigos durante años, los nombres de víctimas de la Guerra registrados en placas de bronce incrustadas en las veredas. Rastros de la devastación que sufrió una ciudad gloriosa que de a poco se ha ido reconstruyendo.

En Madrid, ciudad imperial, nunca vivió bombardeos como otras ciudades de Europa, pero sí una Guerra Civil que dejó marcas invisibles pero profundas en sus ciudadanos. Hay lugares como El Valle de los Caídos, un símbolo de esa época, que revelan ese sufrimiento de muchos. La majestuosidad de Madrid se nos reveló caminando por la Gran Vía, por El Paseo del Prado, por El Palacio Real y en La fuente de la Cibeles, donde convergen las avenidas más importantes del centro de la ciudad. Ellos son la evidencia de esa época dorada. Descubrirla nos cautivó y nos dieron ganas de viajar para el norte, este y sur de este maravilloso país. Y así lo hicimos.

En Singapur, un pequeño gran país nos encontramos con la sorpresa de un desarrollo económico y crecimiento logrado en tan solo 50 años. Las construcciones de avanzada, modernas, con las últimas tendencias en materiales y diseño. Edificios que combinaban la arquitectura y la vegetación en los frentes, logrando jardines en altura por la ciudad. Vivir allí nos demostró que es posible construir una sociedad en búsqueda constante de la excelencia y la eficiencia, tal vez una de las razones es que eligen a los ciudadanos mejor capacitados para el parlamento y les pagan buenos salarios. Ellos quieren a los mejores en el gobierno para poder desarrollar un gran país.

Andando en transporte público me acerqué a la cultura y a la gente de mis ciudades.

El subterráneo fue mi medio preferido para conocer el país: las caras, la vestimenta, los gestos, la forma de comunicarse, la delicadeza o no al entrar o bajar del tren. Allí nació mi fanatismo por coleccionar mapas de los subterráneos de mis ciudades, en Madrid el Metro, en Berlín el U-bahn, en Singapur el MRT y en Buenos Aires el subte. Debajo de la tierra, en el subterráneo, descubrí un tesoro. Observé madres que sacaban de bolsas las meriendas saludables para sus hijos que en Berlín eran frutas de estación, en Madrid era la bocata de jamón serrano, mientras que en Singapur estaba prohibido comer en el subterráneo. En Berlín, observé a adolescentes leyendo concentrados libros durante todo el trayecto. Esos mismos adolescentes, unos diez años después, en Singapur, no estaban con libros, miraban sus teléfonos o iPads. La tecnología había convertido los hábitos de los pasajeros. En las tres ciudades los chicos viajaban solos, había seguridad. Aquí, en São Paulo, todavía no hemos tomado transporte público, nos movemos en auto, en taxi o en Uber. Las chicas usan el trasporte escolar todos los días. Cuando vamos a buscarlas a la escuela nos sorprende ver muchos motoristas (choferes) y babas (niñeras) que esperan a los chicos salir del colegio. Cada país, cada cultura diferente, un modo de moverse diferente.

Caminando y andando por mis ciudades adoptivas… logré de a poco hacerlas también mías.

Mis ciudades adoptivas nos pedían aprender un idioma.

Cuando llegábamos un tema importante era el idioma, esencial para comunicarnos y vivir con comodidad en el nuevo destino. Mis primeros pasos en alemán los di en el Goethe Institut, en Mitte, Berlín, con compañeros de todos lados del mundo. Diego tomaba clases particulares todos los sábados con el profesor Ditter. El clima era tan gris que no nos importaba estudiar los sábados. Siempre nos acordamos de la tabla de declinación de sustantivos, adjetivos y pronombres en los casos nominativo, acusativo, dativo y genitivo del idioma alemán, tabla que nunca terminamos de entender, y que Ditter insistía en que si conseguíamos entenderla dominaríamos al fin el alemán. Idioma difícil que aprendimos medianamente bien para sentirnos parte del lugar. En Madrid, solo tuvimos que aprender el "acento español", y cambiar el "vos" argentino por el "tú" y el "ustedes" por el "vosotros". En Singapur, se habla singlish, inglés mezclado con algunas frases o palabras del idioma chino, malayo u otras culturas. Fue solo adaptarnos a esa forma de hablar en inglés, y entender que donde habitan tantas etnias, el idioma de los gestos ayuda un montón. Y aquí, en São Paulo, estamos tomando clases de portugués, es difícil para nosotros aprenderlo correctamente. Es muy próximo al español, entenderlo es más rápido y vamos sobreviviendo hablando portuñol (mezcla de portugués y español).

Hay palabras y frases extranjeras que quedaron en nuestra memoria. Diego y yo las seguimos usando porque nos permiten entendernos al instante, lo hacemos en contextos que nos recuerdan situaciones pasadas. En Alemania, *güstig* (que una cosa es conveniente, la medida de lo justo), *noch mal* (otra vez), y *hintergrund* (existe algo por detrás). En España, fueron: "buen rollo", "me hace ilusión", "no me hagas la pelota", "joder, tío". En Singapur, *Can meh?, Can not* (para preguntar si algo puede hacerse o no) y *Ok lah* (si algo está correcto). En Brasil, las palabras que nos gustan son: *infelizmente* (infelizmente), "*todos umos bandidos*" (para referirse a gobernantes corruptos), *Eu acho* (yo creo), *vai dar certo* (algo que va a acontecer), *imagina* (agradecimiento) y *nossa* (expresión positiva de sorpresa).

Mis ciudades adoptivas nos pedían elegir un colegio para las chicas.

Cuando eran pequeñas buscábamos guarderías cerca de nuestra casa porque me daba tranquilidad. Las dos comenzaron su escolarización cuando tenían 18 meses. Para nosotros era importante que quienes las cuidaran tuvieran experiencias con bebés y niños pequeños.

En Madrid, la primera guardería para Coni fue Cangurito en el barrio de

Arturo Soria, y para Euge fue La Oca en Tres cantos, las directoras eran dos hermanas súper comprometidas con su trabajo y con un amor incondicional por los niños pequeños. Tenían una huerta y un canario que usaba pañales para ayudar a los chicos en el proceso de dejarlos. El primer colegio de Coni fue Orgaz Nursery School allí estuvo hasta los tres años de edad, cuando crecieron, las cambiamos a colegios internacionales para prepararlas en caso de tuviéramos que mudarnos de país. El King's College, en Soto de Viñuelas, lo elegimos por el idioma, por la cultura y pedagogía inglesa. Las maestras tenían una gran pasión por la enseñanza.

En la época en que vivimos en Buenos Aires fue difícil elegir colegio. El primero fue el San Jorge, en Quilmes. Nos lo habían recomendado en Madrid para mantener el mismo tipo de enfoque educativo. Coni solo estuvo un par de días allí, la inseguridad y el vivir tan lejos, nos hizo cambiar de idea. El colegio definitivo fue el Belgrano Day School, nos gustó por varias razones, la enseñanza inglesa, los deportes, la orientación al arte y la cercanía a nuestra casa que estaba ubicada en un barrio que nos gustaba.

En Singapur, las vacantes de las escuelas internacionales son muy solicitadas, familias de todo el mundo circulan entrando y saliendo de la ciudad. Se estaba abriendo una nueva escuela que tenía como opción de idiomas, aparte del inglés, español y chino mandarín. Nos gustó la idea que las chicas continuaran aprendiendo español y así fue como elegimos Stamford American International School (SAIS). Es un colegio diseñado con las últimas tendencias en arquitectura escolar: las aulas, el comedor, el auditorio, la biblioteca, la sala de arte, música y tecnología eran fascinantes; con profesores y compañeros de todo el mundo. Ahí aprendieron a convivir con un contexto multicultural no conocido por ellas. Aquí, en São Paulo, las chicas estudian en el Graded, Escola Graduada Americana de São Paulo. No había muchas opciones, Coni ya está en secundario y cada vez es más difícil cambiarla de sistema educativo. Las dos se adaptaron al colegio y con el cambio, como ganancia extra, un nuevo idioma, el portugués. Quién sabe, tal vez algún día este idioma sea fundamental para sus vidas por trabajo o por sus elecciones personales.

Después de estos últimos años a Diego y a mí nos encanta ver como Coni y Euge crecen en el proceso de aprendizaje: valoran sus propias opiniones y son concientes del esfuerzo que implica recorrer el camino del aprender.

Mis ciudades adoptivas, una fuente inagotable de nuevas experiencias y aprendizajes.

Mi país. Mi ciudad Buenos Aires

La Argentina, Buenos Aires, mi ciudad. Sus calles, sus habitantes, nuestra idiosincrasia, su energía vibrante, cosmopolita, activa de noche y de día. Mi andar por distintos países a través de los años me ha permitido comprobar que se la conoce por el tango, el fútbol, el polo y el teatro Colón, que su identidad está marcada por Borges, Evita, Piazzola, Maradona, Messi y, ahora, por el Papa Francisco. Ciudad que deslumbra por su arquitectura, sus edificios estilo europeo, donde es posible descubrir, en una calle cualquiera, rincones de Madrid, París o Roma, y también, por sus parques, los bosques de Palermo, el Zoológico, el Hipódromo y el Campo de Polo, sede de algunos de los mejores torneos del mundo. Todos estos espacios, toda esta arquitectura verde, rodeaba nuestra casa en la Avenida Libertador 4510, Edificio Golf, donde vivimos tres años de nuestras vidas.

Cada vez que vuelvo a mi país siento el reconforto de lo conocido: mientras camino por los barrios, tan porteños, impregnados de historia joven; en las comidas que me recuerdan a mis antepasados, son los sabores y aromas de las cocinas de mis abuelas y de mi madre; en nuestra idiosincrasia, porque siempre habrá alguien dispuesto a compartir un café y enredarse en largos debates que buscan arreglar los problemas del país y del mundo; en el acento porteño y en las expresiones familiares, ¿che, cómo andás?, ¿en serio, boludo?, ¡no jodas!, ¡che, no te puedo creer! y mil frases más.

Villa Devoto, Villa Urquiza y Belgrano son los barrios que más frecuento cuando estoy en mi querida Buenos Aires. Todos ellos tienen algo vivido en algún tiempo de mi vida. Todo ellos se me aparecen por momentos cuando estoy lejos.

En Villa Devoto, viven mis hermanas y también mi padre, es el barrio de mis años de adolescencia y de facultad. En la esquina de Salvador María del Carril 5102 y Cervantes está la casa donde crecimos mis hermanos y yo hasta que cada uno tomó su propio camino. Respetando la tradición familiar, mis hermanas se quedaron en el barrio donde crecimos, están cerca de la plaza Devoto. Sus casas, estilo antiguo, espaciosas y acogedoras, invitan a quedarse. Las mesas siempre arregladas y servidas como las mesas de mamá... y sus abrazos tan esperados, recibiéndonos.

Nos encontramos con mis hermanas y los primos en el Café de la Plaza, en la heladería Monte Olivia, o en la Galería Devoto para alguna compra navideña de último momento. En los mediodías, los almuerzos se hacen en la casa del abuelo Oscar, mis hijas lo ayudan a preparar la mesa y reciben a sus primos que llegan del colegio.

Mis amigas del alma, amigas de la infancia, madrinas de mis hijas, Carla, Paula y Vero, también viven cerca de Devoto. Apenas llego a Aeroparque sentimos la necesidad de encontrarnos. Son cenas rápidas que no nos dan tiempo para ponernos al día, pero sí para abrazarnos y saber que todavía sentimos el mismo amor de la infancia.

En Villa Urquiza, en la Avenida de los Incas y Triunvirato, habitamos un departamento solo un par de años, los primeros de casados. En las tardes de viernes alquilábamos películas en Blockbuster y nos quedábamos horas en la cama tratando de descansar y reponernos después de una semana agitada de trabajo. En este barrio viven los padres de Diego y los tíos, Hugo y Grace. Las chicas cada vez que visitan a sus abuelos, Marta y Julio, en la calle Echeverría 5072 son recibidas con amor, alegría y sus comidas favoritas. Disfrutan dormir en el dormitorio que fue de su papá, cocinar, usar los perfumes de la abuela, jugar a las cartas, pasear el perro Tomy, hacer compras con el abuelo por la calle Triunvirato, y espiar los pacientes cuando llegan al consultorio.

Siempre pensamos que el subte B llegaría rápido a la esquina de nuestra casa, pero, como todo en nuestro país, el subte tardó años en llegar y cuando llegó, nosotros habíamos vendido el departamento y ya estábamos en Berlín.

En Belgrano, caserón de tejas, como dice el tango, permanecimos tres años. Cerca de casa teníamos el colegio Belgrano Day School en donde Coni y Euge estudiaban. Es un barrio que como dice un conocido eslogan local "es un país": muchos edificios, mucha gente, mucho verde, tránsito agobiante, en donde podés encontrar todo lo necesario para la vida familiar y social activa: clubes, colegios, médicos, restoranes, cines, tiendas de todo tipo. Con mis amigas, Mirta, Alejandra y Gise, mantenemos la tradición de encontrarnos en Belgrano en los mismos lugares de siempre.

Mirta y yo compartimos nuestra curiosidad y las mismas pasiones, escribir, leer, descubrir lo nuevo. Nos conocimos meditando en la clínica de Sergio. Es la abuela postiza de mis hijas y mi madre del corazón, siempre que podemos almorzamos en el restaurante Felicidad en la calle Migueletes.

Alejandra es Contadora Pública como yo. Ale, de super jefa a amiga del alma. Nos conocimos hace ya 25 años cuando ella estaba embarazada de Sofía (Palito), nos vimos crecer, nos apoyamos en cada cambio y seguimos dándonos afecto. Nuestros desayunos o meriendas en Tea Connection, en la plaza Echeverría, nunca nos dan tiempo para hablar de todo, pero sí para abrazarnos.

Con Gisela, Gise, compartimos la pasión de ser madres comprometidas, amorosas, siempre dispuestas a estar ahí para nuestros hijos. Nos unió el Colegio Washington, nos hicimos amigas a través de la amistad de nuestros hijos, primero fueron Euge con Toto, siguió Coni con Abril y después, nosotras nos hicimos hermanas del alma. Cuando estoy en Buenos Aires, nos hacemos un tiempo para un "un cortado en jarrito", en el Solar de la Abadía, o para cenar con los chicos en Kansas.

Sitios conocidos, aromas familiares y amigas que reconfortan.

Buenos Aires en diciembre es un mes complicado, todo está terminando previo al periodo de receso escolar y la llegada de las fiestas de fin de año: las despedidas del año laboral, los colegios en los últimos exámenes, las compras de Navidad, la proximidad de las vacaciones y de la feria judicial y, en el congreso, los políticos votando leyes apuradas de último momento. Todo eso más el calor intenso y la humedad hacen de Buenos Aires un caos. No es el mejor momento para visitarla, no es el mejor mes para encontrarse con la familia, pero es el único en que podemos estar con nuestros seres queridos.

Cada fin de año que estamos con nuestra gente querida, es una alegría sentir que nuestros padres, tíos, hermanos, primos y amigos nos esperan con los brazos abiertos. Todos nos extrañamos. Tantas Navidades, tantos fines de año…

Desde Singapur era difícil viajar para esa época a Buenos Aires, Euge y Coni nos reclamaban estar allí, pero Berlín, Madrid y ahora, São Paulo, nos permiten estar presentes para las fiestas. A pesar del cansancio, de las horas de vuelo, de pasar del invierno al verano… el cariño que nos espera en el aeropuerto lo compensa todo.

Maletas llenas de regalos y de sabores de otros lugares para intentar sorprenderlos: de Berlín, las artesanías navideñas del *weihnachtmärkte*, mercados de Navidad, y los budines *baumkuchen* berlineses; de Madrid, la pata de jamón serrano, de São Paulo, la *cachaça* para armar las caipirinhas. En las sobremesas las anécdotas divertidas de otras costumbres, los sucesos del país y la puesta al día de lo vivido. Todo intenso, todo rodeado del amor y esa energía que solo la familia sabe brindar.

Mi historia, mi país, mis memorias infantiles, mis seres queridos.

Navidades en Buenos Aires con la familia Novellino y fines de año en la Paloma, Uruguay, con la familia Ron.

A veces invertíamos el orden, dependiendo del año, y de que mis hermanos viajaran desde Buenos Aires o Córdoba para encontrarnos todos en la playa.

En la Paloma, cuando los nietos eran pequeños, al abuelo Oscar lo disfrazábamos de Papá Noel, él accedía gustoso, y aunque los niños se daban cuenta de quién era, no les importaba. Infaltables: el árbol navideño repleto de regalos, la mesa decorada y el tradicional rojo de la abuela Lydia que había comprado en su luna de miel, en julio de 1968. Si toca fin de año en La Paloma, es un clásico el lechón preparado por el abuelo Oscar para el almuerzo del primer día del año y todos los nietos peleándose por "las costillitas".

En la Navidad con los primos Novellino, es tradición tomar una foto de los seis primos en el jardín de la casa de los tíos César y Patri, en Ramos Mejía, luciendo los gorros de navidad comprados a último momento en algún bazar chino. El ritual de la Navidad comienza con la misa en el colegio donde estudiaron Agos y Nico y, después, con la celebración familiar alrededor de una mesa larguísima, llena de comida, donde se mezcla el pionono, la ensalada rusa, los huevos rellenos de la tía Vivi, con el matambre de la abuela Flora y el vitel toné preparado por la abuela Marta. Lo importante: estar juntos.

Un diciembre que tiene lugar en mi memoria es el del 2001, curiosamente ya no vivíamosen la Argentina, hacía seis meses que habíamos llegado a Berlín. Nuestro país cayó en una crisis social y económica profunda que quebró valores y la sociedad dejó de tener confianza en el Estado, en los gobernantes y en los políticos.

Ese diciembre estábamos en Madrid por el casamiento de Richi y Flor en Torrelaguna. Habíamos ido unos días en busca del sol que había desaparecido de la capital alemana hacía meses. Aprovechamos el viaje a España para recorrer Madrid, Toledo y El valle de los caídos. No imaginábamos terminaríamos viviendo en Madrid años después. Recuerdo que en el casamiento de Richi, su tía nos comentó que el ministro de economía Domingo Cavallo había congelado los depósitos bancarios, lo que luego se llamaría "el corralito". Nos impactó. Cuando regresamos a Berlín, nos comunicamos enseguida con la familia en Buenos Aires y todos sospechaban que era el inicio una nueva crisis económica sin imaginar su dimensión.

Aterrizamos en Buenos Aires tiempo después. El presidente Fernando

de la Rúa había renunciado y lo habían fotografiado mientras dejaba la casa Rosada en helicóptero. La gente llenó las calles golpeando cacerolas y llevando banderas argentinas. El famoso "cacerolazo" por cual se reclamaba una solución al caos en el que estaba el país. Se abandonó el modelo de diez años de convertibilidad 1 dólar = 1 peso argentino, se pesificaron las deudas y depósitos

y comenzaron juicios contra el Estado por el congelamiento de depósitos y la injusta pesificación. Durante el transcurso de las protestas hubo muertes. No recuerdo cuántos días duró, ni cuántos presidentes tuvimos en ese período, sí el clima de inestabilidad social y el tremendo caos de esos días en Buenos Aires.

Volvimos a Berlín. Nuestros amigos y colegas de trabajo preocupados por nosotros, al llegar nos preguntaron sobre lo sucedido en la Argentina. Por esos días, las imágenes televisadas y las fotos publicadas en los diarios internacionales eran tremendas, sobre todo un video de gente llevándose pedazos de reses de un camión que había volcado. Todos pensaban que nuestro país vivía una guerra civil por la gente saqueando supermercados, las protestas y las muertes.

Hace diez años escribía: "como muchas veces en nuestra historia después de una crisis, son más los que quedan marginados y menos las oportunidades". Hoy, en São Paulo me tocó vivir una situación parecida a la del 2001 en la Argentina. En septiembre de 2015 comenzó aquí una crisis política y económica profunda que dejó al país paralizado y a muchos sin trabajo, hubo cacerolazos y protestas en las calles. Todo me llevó a recordar aquel diciembre en Buenos Aires, la diferencia es que aquí soy extranjera con una historia reciente. Mi amor por mi país no cambia aunque esté lejos, el dolor de la Argentina es mi dolor.

Siento tristeza por lo que mi país perdió en estos años de crisis, muchos emigramos en busca de otros horizontes haciendo el camino inverso al de nuestros abuelos inmigrantes. España e Italia fueron los destinos más elegidos. Muchos de los que se quedaron lucharon y aún siguen luchando para alcanzar lo que alguna vez tuvimos: una Argentina pujante, confiable, destacada en el mundo por su educación y sobre todo por la capacidad de su gente.

Mis casas. Nuestras casas

Si algo descubrí con el tiempo es que las casas tienen alma, tienen historia, respiran vidas de otros que las habitaron. Cuando elegimos una casa, al momento de entrar por la puerta, nos miramos –primero fuimos Diego y yo, y desde que nacieron las nenas, los cuatro–, y si algo de la casa nos inspira, nos atrapa, al instante sabemos que esa casa será nuestro próximo hogar.

Nuestro comienzo fue en Avenida de los Incas, allí por el año 1998, habitamos un departamento de tres ambientes, lo refaccionamos por completo. Si hubiéramos sabido

que solo viviríamos allí dos años, no hubiéramos invertido tantas ganas, tiempo y dinero. Éramos jóvenes, aún no sabíamos que tendríamos una vida itinerante, aún no sabíamos que se podía vivir con poco. La parte de la casa que más me gustaba era el living, el diseño de papel con la guarda de flores cerca del techo convertía a ese ambiente en el jardín de la casa. El *toilette* empapelado con flores azules pastel tenía encanto y calidez. Su localización era excelente, a solo cinco minutos de mi trabajo en Unilever y a metros del Subterráneo B que tomaba Diego para ir a su trabajo en el Banco Mercedes Benz, en el centro de Buenos Aires. En agosto del 2000 lo vendíamos a una pareja de recién casados y nos mudábamos a Berlín.

Berlín nos enamoró, su historia, sus barrios tan diferentes, sus habitantes, las bicicletas, los mercados en la calle los fines de semana. Llegamos a solo once años de la caída del muro. Una ciudad que después de la guerra se dividió en dos, ese muro construido de la noche a la mañana separó por muchos años, familias, amigos, hombres y mujeres que compartían los mismos orígenes, la misma sangre. El muro fue el símbolo de la Guerra Fría que se desató después de la Segunda Guerra Mundial. Berlín este quedó bajo el gobierno soviético y el oeste fue gobernado por aliados, ingleses, franceses y americanos. Lo más llamativo fue que la ciudad quedó acorralada en el medio de Alemania Oriental. A los ciudadanos de Berlín occidental cruzar hacia occidente les llevaba más de 400 kilómetros de viaje y varias autorizaciones. Berlín occidental se convirtió en una isla. Al llegar a Berlín nos dimos cuenta de que el este de la ciudad había sufrido años de abandono, las calles y muchos de sus edificios estaban en remodelación. Construcciones nuevas por doquier y otras antiguas que conservaban en sus paredes las marcas de la guerra. Nosotros optamos por el oeste, estaba mejor conservado. Vivimos unos meses en el barrio de Templehof, barrio tradicional, tranquilo y conservador, con características generales de muchos pueblos en Alemania, donde el orden reina sin que nada lo altere. Tiempo después elegimos el barrio de Charlotenburg, también conservador y tradicional, un poco más dinámico, con mucha vida en sus calles. Antiguamente era el barrio judío, en las tiendas, restaurantes y calles aún quedaban los trazos de una época dorada, del progreso que había vestido esa ciudad. Nuestro apartamento estaba sobre Uhlandstrasse 145, a solo unas calles de Kudamm, la avenida más transitada por los turistas, en ella se encontraba la famosa iglesia bombardeada Gedächtniskirche que se conserva destruída como un recuerdo vivo de las marcas de la guerra. Vivíamos cerca del Tiergarten, su pulmón verde, en el centro de la ciudad, donde había lugar para todos. Ahí, los domingos, sus habitantes conviven con el respeto a lo diferente de una manera que nunca nos hubiéramos imaginado: jóvenes desnudos disfrutando del sol en el sector permitido, ciudadanos bebiendo cerveza, niños en bicicleta, familias de distintas etnias con sus comidas y su música. Ahí, los domingos, cualquier extranjero podía encontrar las simples cosas que reconfortan el alma, sus tradiciones.

Salir a dar un paseo por las calles de nuestro barrio era un placer. En primavera o en verano la ciudad hervía de gente, mesas en las veredas, música en vivo en los bares, decoración de flores por todos lados. En otoño y en invierno el clima desmejoraba, la nieve y los días más cortos impedían disfrutar la ciudad, casi la única actividad colorida y alegre era la de los mercados de Navidad, tomar el vino caliente, *Glühwein*. Eran meses donde nos refugiábamos en nuestro departamento, solos o con amigos, cocinando, leyendo libros, mirando películas y queriéndonos. Nuestro departamento tenía historia, unos 100 años de antigüedad, puertas altísimas de roble oscuro, techos estilo Altbau con figuras de yeso esculpidas con precisión y pisos de madera originales que crujían al caminar sobre ellos. Quien se levantara de noche, aunque intentara caminar sigilosamente sobre sus tablas despertaba al resto. Nos sorprendió la cocina vacía. Nos explicaron que a los alemanes les gusta llenarla con sus propios muebles de cocina. Muebles que traían en sus formas, los olores de la propia historia y la de sus antepasados. Recuerdo el baño negro y rosa, colores osados para un baño tan antiguo, estaba conservado en perfecto estado, limpiarlo sin dejar alguna marca era todo un desafío.

El edificio no tenía ascensor, las escaleras eran de madera oscura. Al llegar a la puerta principal, en el zócalo de entrada, incrustadas en el suelo, había dos placas de bronce con inscripciones que decían que allí habían vivido dos hermanos judíos muertos en los campos de concentración, durante la Segunda Guerra.

El mundo que nos abrió Berlín nos fascinó y al mismo tiempo nos conmocionó.

Después de casi tres años, en febrero 2004, con nuestra hija Coni de diez meses de edad, hicimos las maletas y emprendimos viaje hacia nuestro próximo destino, el país de mis ancestros, España. La ciudad que nos recibió fue Madrid y junto con ella el calor de su gente.

Nuestro hogar provisorio fue en Apartamentos Basílica, en la calle Comandante Zorrila. Para esa época ignorábamos que el mercado inmobiliario fuera tan dinámico en España. Elegíamos un departamento y a las pocas horas, ya lo habían reservado otros interesados. Como todo en la vida se aprende rápido, cuando visitamos el departamento de la calle Santa Hortensia 33 cerramos al trato a la española, en el café de abajo invitamos al dueño un café y le dimos 200 euros. Así nos garantizamos nuestro hogar en Madrid.

Ubicado en el centro, a solo 15 minutos de la calle Serrano, del barrio de Salamanca y del parque de El Retiro en donde, todos los domingos, paseábamos con nuestras hijas pequeñas. Era una tradición familiar ir por la mañanas a ver los

espectáculos a la gorra, Euge y Coni se divertían y reían a carcajadas. A veces pienso qué hubiera sido de nuestras vidas sin esos parques que nos protegieron y nos cobijaron con sus árboles, sus flores, en los días de nostalgia, de tristeza y también en los días de alegría. Esos parques que vieron crecer a nuestras hijas, sus primeros pasos, andar en patines, luego en bicicleta.

El departamento era moderno, luminoso, las puertas de madera eran de una terminación exquisita, en las formas y molduras se apreciaba las manos del artesano. Coni ya tenía su propio dormitorio. Todo era nuevo, un poco más pequeño que el de Berlín, pero suficiente para los tres. Lo que más nos gustaba era la piscina comunitaria, lugar en donde Coni conoció a sus primeros amigos madrileños, lugar en donde conocí a una hermana de la vida, Francisca "Pachi", amiga y vecina incondicional, aún hoy seguimos unidas a través de mensajes, fotos, y cada tanto coincidimos en Uruguay y aprovechamos para abrazarnos y refrescar nuestro cariño. El parque a la vuelta de casa fue testigo de nuestro encuentro con la familia Toledo, que aún hoy son parte de nuestra vida: Virginia, Alejandro, Mariana, Vega y Guillermo que nació para despedirnos de Madrid el mismo que volábamos de regreso a Buenos Aires, 28 de diciembre de 2008. Ese parque fue testigo de la primera amiga del alma de Coni, Mariana. La foto en blanco y negro que Virginia nos regaló aún nos acompaña en las paredes de nuestras casas.

A 50 metros de casa, justo en la esquina, comenzaba la Avenida Corazón de María, de veredas anchas, albergaba los fines de semana a cientos de madrileños que adoraban la vida en la calle, mesas al aire libre, los bares con las puertas abiertas de par en par y en las barras muchedumbre de pie. En esos bares, los mozos se acercaban sin darte tiempo a sentarte y sin ofrecerte el menú, te preguntaban: "¿qué os apetece tomar hoy?". La cerveza, la clara, el jamón serrano, la bocata, el queso manchego eran protagonistas de esas mesas. Niños por todos lados corriendo mientras sus padres hablaban, reían, y bebían. Todo era ruidoso. Nadie sabía a qué hora terminaba la fiesta en la calle, muchas veces era a la caída del sol, otras cuando ya no quedaban palabras o cuando los niños se dormían en los brazos de sus padres.

Después de unos años allí, los precios de los alquileres se fueron por las nubes, eran los años dorados de la construcción y no había techo ni precios de referencia. Necesitábamos más espacio, la familia se agrandaba, Coni ya tenía tres años, empezaba el colegio, Eugenia estaba a punto de nacer, y Nicole, la niñera, vivía con nosotros. Una vecina que se había mudado a Tres Cantos, una ciudad a unos 20 km de Madrid, me había hablado maravillas de ese lugar. Un fin de semana cualquiera decidimos pasar el día allí y descubrir cómo era.

A un kilómetro del pueblo se situaba el pequeño barrio de Soto de Viñuelas, lugar que antaño habían habitado los madrileños para escapar del verano agobiante de la ciudad. Las casas eran antiguas, bonitas y de sólida construcción. La variedad de árboles en las veredas nos cautivaron, los pinos y los abetos podados de formas diferentes se lucían en un escenario perfecto. El camino al colegio entre colinas y arbustos parecía salido de cuentos de hadas. El colegio King's College de Madrid, enclavado en ese paisaje, ayudaba a los niños a estar más relajados para aprender. Al poco tiempo de mudarnos, seguí la tradición local, por las tardes, como las demás madres le llevaba la merienda a Coni cuando iba a buscarla al colegio, una bocata de jamón serrano y alguna fruta de estación; los niños iban a los juegos infantiles, andaban en patines o en clases de natación, y nosotras hablábamos de la vida, de nuestros miedos, de las dudas de madre y de nuestras vicisitudes como mujeres. Inolvidables tardes compartidas con mis amigas las Estheres y Yolanda.

Era la primera vez que vivíamos en una casa. Paseo de Somosierra 8. En Asia aprendimos que 8 es un número de suerte. En Singapur, los condominios se diputan este número. Luego de idas y vueltas, seis meses después de nuestra primera visita a Soto de Viñuelas, alquilamos la casa que vimos el primer día que estuvimos allí. Nos había estado esperando. La casa era muy sencilla, le faltaba remodelación en varios ambientes, pero el emplazamiento, espectacular. Desde el balcón de la habitación principal se contemplan las sierras, verlas nevadas durante el invierno era un regalo para los ojos. Sentarse a leer en el balcón, sentarse a tomar un té, o solo sentarse a contemplar la vista reconfortaba mi alma.

El condominio tenía en total unas 20 casas y en el centro una piscina. Remojarnos en ella los días de calor seco cuando la sierra se derretía y nuestras ropas se adherían al cuerpo, esa piscina era

una bendición. En el subsuelo con un ventanal que daba al parque, la casa tenía un ambiente de unos 50 metros, la elegimos pensamos que sería ideal para los abuelos, que nos visitaban bastante seguido, y también para tíos y amigos. La casa era grande con espacio para todos. Cada rincón fue habitado y disfrutado por nosotros y nuestras visitas. El patio de atrás alberga muchos recuerdos felices, la parrilla, los "asados argentinos" con amigos y familia, los festejos de cumpleaños de Coni y Euge. El mago "cachivache" aunque un poco *vintage*, lograba que grandes y chicos riéramos a carcajadas.

Transcurría el año 2008 y la crisis económica en España había comenzado. Por primera vez en años sentimos cierta incertidumbre, no sabíamos sí seguir viviendo allí, emigrar a otro país o volver a la Argentina. Diego y yo, con 36 años, todavía seguíamos inquietos, todavía habitaba en nosotros la curiosidad por ese mundo que se nos había abierto. Fue difícil tomar la decisión, pero pensamos en los abuelos, en Buenos Aires, que ya estaban grandes y en la oportunidad de dejarles a nuestras hijas un regalo único, compartir un tramo de sus vidas con

libertador 4510
buenos aires

ellos, los abuelos.

Principios del 2009 volvimos a Buenos Aires. Era la ciudad que nos había visto crecer, ciudad de los primeros amigos, los primeros amores, ciudad donde conocí a Diego. Para Eugenia y Coni, compartir ese tiempo de su vida con la familia grande y con amigos de la infancia fue un trazo emocional que las marcó. Conocieron sus raíces. A partir de esos años en Buenos Aires, ellas se auto denominan argentinas.

Nuestra morada temporal fue en Puerto Madero, una parte nueva de la cuidad. Modernos edificios sobre terrenos ganados al Río de la Plata, cercanía al río, buen diseño de calles y parques, restaurantes y bares por doquier. No nos quedamos a vivir allí. El lugar estaba deshabitado de escuelas, todavía no era un barrio pensado para los niños. Después de unos meses elegimos nuestro nuevo hogar sobre la Avenida del Libertador, el edificio Golf, en el piso 12 "A". Su propietaria Mónica, arquitecta, lo había reciclado a nuevo. El edificio era antiguo, tendría unos 80 años, su estructura y su diseño representaban la época de estilo francés en Buenos Aires. El departamento resaltaba por la simplicidad y sencillez, pintado de blanco, pisos de roble lustrados, impecable. Los ambientes eran los necesarios. La cocina apenas tenía muebles. La luz natural que entraba por las ventanas lo hacía cálido y luminoso en su interior. Al llegar al balcón del salón principal, la vista extendida al hipódromo y al Río de la Plata nos encandiló para toda nuestra vida. Fuimos felices allí, fuimos felices en ese barrio, recorriendo sus calles, sus bares, sus tiendas, paseando por los lagos de Palermo. Fue tal nuestro enamoramiento por ese lugar que compramos el piso de abajo, el 11 B, donde nos alojamos cada vez que estamos en Buenos Aires. Ahí dejamos algunos muebles que nos acompañaron por el mundo, aquí dejamos cosas que ya no trasladamos, ahí dejamos partes de nosotros.

Era marzo del 2012, habíamos terminado de construir un edificio en la calle Giribone, "G2357", y decidimos mudarnos a ese departamento, para mí era más práctico trabajar y vivir en el mismo lugar. Construir ese hogar en Buenos Aires fue significativo, transformó mi vida. Son esos momentos en que se juntan las piezas del rompecabeza, mi infancia entre casas y edificios construidos por

mi padre, mi crianza entre andamios, ladrillos y cemento, y mi experiencia y aprendizaje de las casas donde había vivido. Fue mi despertar a la creatividad. El diseño de los dúplex, las terrazas verdes, la armonía de los colores, la luz, la textura de las paredes, la elección de cada material, el tipo de pisos, de azulejos y la valoración de cada persona que había sido parte de ese proyecto.

La vida iba más rápido de lo que esperábamos, a solo un año de estar viviendo allí nos embarcamos hacia nuestro nuevo destino Singapur, en el sudeste asiático. Emprender el viaje a Asia, separarse de la familia en Buenos Aires fue difícil. La decisión de emprender ese nuevo camino fue sin vacilaciones, pero lo emocional tuvo un impacto fuerte: mis padres estaban más grandes, mis sobrinos creciendo y sobre todo privaba a mis hijas del contacto con la familia grande… Me pregunto por qué quedarnos en la Argentina no fue una opción. Singapur para las chicas sería una experiencia novedosa, diferente, Coni tenía 10 años y Euge siete años y era la primera vez que vivirían en un lugar tan diferente a lo conocido. Para nosotros sería volver a lugares que habíamos descubierto en nuestra luna de miel, 15 años atrás.

Diego viajó primero, encontró la casa, después llegaríamos nosotras. Nos conectábamos por Facetime y nos mostraba todos sus rincones, así, por Internet, elegimos nuestro hogar. Eran tiempos modernos y la tecnología nos ayudó.

Situada en Sommerville Park, condominio tropical con palmeras, plantas extrañas y árboles gigantes con troncos cubiertos por brotes verdes. La extrema humedad y las lluvias diarias ayudaban a que el verde no bajara nunca su intensidad y, alrededor, vecinos de todas partes del mundo.

Singapur es una ciudad cosmopolita, alberga ciudadanos de diversas etnias y religiones, la mayoría de ellos solo de paso, pocos se quedan para toda su vida. La ciudad está marcada por esa vida de paso. Esa característica se mantiene hasta

hoy. Antiguamente los navegantes que pasaban por allí se detenían por meses hasta que parara la época de lluvias y de monzones y así continuar su viaje hacia otras tierras y vender su mercadería. De ese origen, la ciudad delata su diversidad, la ciudad quedó dividida para albergar las comunidades de comerciantes que allí se instalaban por un tiempo. Así es, como en Singapur conviven chinos, hindúes, malayos, indonesios y nosotros, los extranjeros.

La casa era grande, cuatro pisos hasta llegar a nuestra habitación, la última de la casa. Si se nos olvidaba algo arriba, nadie se ofrecía para ir a buscarlo, las escaleras daban intimidad y también pereza. Los pisos de mármol refrescaban los pies casi derretidos por el calor de la ciudad, apenas entrábamos a casa, nos sacábamos los zapatos y, descalzos, volvíamos a respirar. Vivíamos con el aire acondicionado encendido hasta que nuestro cuerpo se habituó a ese calor húmedo y, un día, dejamos de transpirar. La parte de abajo de la casa era reconfortante, la más fresca, la cocina y el patio de atrás con vista a los jardines tropicales del condominio. Era tanto el calor que la piscina fue la mejor y más fiel de nuestras compañeras. No hubo tarde que no fuéramos a refrescarnos en ella. Era de una dimensión enorme, olímpica, todas las tardes se ofrecían clases de natación. Euge y Coni tomaban clases con Kristen, una profesora de origen australiano, con pasión por la natación, sus enseñanzas impactaron a mis hijas de tal forma que aún hoy siguen amando ese deporte. La conexión con el agua. La sensación de tu cuerpo flotando, liviano.

Nuestra casa estaba a pocas cuadras del Botanic Garden, un lugar con una flora increíble, variedades de plantas como nunca antes habíamos visto, lo escogíamos para nuestras caminatas en horarios donde el calor lo permitiera. Allí nos encontrábamos con grupos de alumnos o de turistas que no se cansaban de sacar fotos de ese universo verde que habitaba allí a pocos metros de casa.

El cuidado de ese parque era ejemplar. A unas cuadras de casa estaba Orchard Road, una avenida superpoblada de *shopping malls,* cuando Coni caminaba por ahí los ojos le brillaban. Tiendas de diseño, últimas tendencias, ella amaba el glamour de esa calle.

Y ahora moramos aquí en São Paulo. Respirando otras aromas, conociendo otras costumbres. Tan cerca de nuestro país y tan lejos de nuestra cultura. No sabíamos que Brasil era tan diferente al resto de América Latina. Según nos explicaron y leímos por ahí, los orígenes de la colonización en Brasil fueron otros. Jamás pensé que eran más nuestras diferencias que nuestras similitudes. Llegamos principios de agosto de 2015, agradecí haber escuchado a mis amigas Cynthia y Becky de Singapur, ellas nos recomendaron vivir en Vila Nova Conceicão, un pequeño barrio, oasis verde en esta enorme metrópolis de cemento, aquí aún se puede caminar por la calle, tomar cafecito en los bares, haciendo el vivir cotidiano más amigable.

Elegimos un departamento en la calle Marcos Lopes, a pocas cuadras del parque Ibirapuera, a pocos kilómetros del trabajo de Diego, a muchos kilómetros del colegio de las chicas. Saber cómo circula el tránsito en esta ciudad es clave. Para Diego y las chicas llegar y volver a casa es rápido, eso les alivia la vida. Elegir nuestra casa nos llevó más tiempo del que pensábamos. Llegamos en un momento de crisis política y económica en Brasil. Los precios de los alquileres oscilaban, los valores eran muy dispares. A finales de septiembre encontramos nuestro nuevo hogar, un departamento que nos deslumbró por su arquitectura, sus espacios enormes, sus pisos de mármoles color beige, el detalle de las terminaciones, los baños y las habitaciones. No sabíamos que Brasil tuviera estas calidades de construcción y terminaciones. São Paulo nos sorprendió por su potencial, su calidad y su variedad de estilos. Aun en el barrio más lujosos se

puede apreciar la convivencia con la pobreza. Zonas desarrolladas y a unos pocos metros viviendas abandonadas y casas humildes cuyo propietario no parece dispuesto a vender.

El día que visitamos este departamento estábamos con nuestras hijas, Nice de la inmobiliaria y Erika de la agencia de *realocation*. Todas mujeres. Suponíamos que decidir algo ese día sería difícil, tantas mujeres involucradas en la decisión era un desafío, pero cuando descendimos del ascensor, se abrió la puerta en el piso 14, entramos al lobby y supimos que ése era nuestro nuevo hogar. Las puertas blancas con picaportes redondos plateados en el centro, los nichos en las paredes donde habitarían las fotos familiares enmarcadas en Singapur, los pisos de mármol que encandilaban la vista con el reflejo del sol, las habitaciones con baños en suite, nos deslumbraron los guardarropas con cajones para colocar joyas forrados en terciopelo, aunque no tuviéramos nada que poner allí. ¿Habría sido la casa de alguna princesa?, preguntaban mis hijas. Pero no, con el tiempo descubrimos que en Brasil esos lujos fueron posibles en algún momento de su historia. Nadie sabe si después de esta crisis este tipo de edificios volverán a construirse, el tiempo dirá. Tampoco sé si nosotros estaremos todavía aquí para verlo.

Siento que todas estas casas fueron mías, fueron nuestras, siento que podrán contar nuestra historia por el tiempo que las habitamos, siento que a veces no hice la reforma que alguna necesitaba, siento que ha veces no tuve el tiempo necesario para despedirme de ellas, la vida iba de prisa, la mirada ya estaba en el próximo destino, en la próxima casa, sin tiempo suficiente para dar las gracias, sin tiempo suficiente para decirles lo feliz que fui en cada una. Mis casas. Nuestras casas.

Viajes por mi mundo

Tu reloj

Cuento para mi madre

Ma, llevo puesto en mi muñeca, tu reloj. Es como eras vos, no llama la atención, de excelente confección, de excelente calidad. ¿Por qué de todos tus hijos me escogiste a mí para dármelo? Partía hacia Alemania para vivir en Berlín. Me dijiste: "quiero que lo tengas, que sea tuyo".

De color plateado, malla angosta y fondo negro, me recuerda tu elegancia con poco, sin joyas, solo con tu presencia. Tu personalidad te destacaba. Usarlo todos los días me recuerda el paso del tiempo, y los días que ya no te veo y que te sigo sintiendo.

En Madrid, donde viví unos años, me encontré con tu sobrina Claudia, quien también te ama. Al verme con el reloj, me dijo: "¡El reloj de la tía Nena! (así llamaba ella a mi madre, Lydia), lo recuerdo en su muñeca".

Nuestro reloj compartido es tu puntualidad, tu organización, tu espera a la salida del colegio, tu casa con cinco hijos en donde siempre estuvo todo a tiempo, las comidas preparadas a la hora correcta, la ropa del colegio lista para ser usada a la mañana siguiente, los zapatos lustrados, y los bolsos de viaje para ir al río, al campo o a la playa en los que nunca olvidabas nada. Tu siempre estar presente.

Es testigo del paso del tiempo, de nuestros cumpleaños, de las tortas divertidas decoradas con nuestras pasiones de la época, el personaje preferido, el hobby, el deporte favorito. Siempre algo que nos gustara, siempre que ese día fuera especial para nosotros. Tus enormes detalles. Tu siempre estar presente.

Y tu reloj me revela de una forma inesperada en este momento de mi vida aquella tu frase para mí: "Ten paciencia, no te apresures, hay años que hacen preguntas y años que dan respuestas... No todo es ya, ni ahora... la vida lleva su tiempo... toma mi reloj y espera que llegue tu tiempo. Te quiero mamá."

La bicicleta

Cuento para mi padre

Te faltaban unos pocos días para cumplir 10 años, para vos era importante ser grande. Ya sabías andar en bicicleta, era subirte a la libertad sobre dos ruedas, ibas a donde querías, nadie te alcanzaba. Todavía no tenías una propia, se la pedías prestada a tu hermana. Siendo la menor de cinco hermanos y como en toda familia numerosa, todo se compartía, pero vos anhelabas la tuya.

Y al fin llegó ese día, el día de tu cumpleaños número 10. Estabas inquieta, estabas contenta, ese día siempre era especial, tus padres lo hacían especial para vos. Recuerdas aquella mañana de lluvia, el viento soplando fuerte, un cielo tapado por nubes grises y negras, los árboles del jardín a punto de volar junto con sus raíces. Te despertaste muy temprano, con esa ansiedad que tienen los niños el día de su cumpleaños.

Al entrar a la cocina, estaban tus padres tomando mate, charlando como todas las mañanas de sus cosas de grandes. Te abrazaron, te besaron y te dieron los tirones de orejas como siempre hacían el día de tu cumpleaños.

Vos expectante, no aguantabas más, entonces preguntaste, ¿hay algún regalo para mí? Tu papá te tomó de la mano y fueron juntos caminando hacia el sótano en donde se guardaban las cosas que ya no se usaban. No tenías idea de por qué te llevaba hasta aquel lugar. Entonces fue cuando la viste: envuelta en un enorme moño rosa había una bicicleta plateada. Despacio desarmaste el moño, la observaste y en tu cara, la sorpresa. No podías creer que la bicicleta llevaba tu nombre, Paulita. Estabas feliz, era la primera vez en años que tenías lo que más querías para tu cumpleaños.

Luego tu papá, sentándote en su regazo, te contó la historia de esa bicicleta. "Érase una vez un hombre muy viejito, llamado Celso, que adoraba armar y arreglar bicicletas viejas, un día me encontró cerca de donde esta mi taller en la calle Fleming. Él me detuvo y me dijo: «Señor, Oscar, yo podría construir la más bella bicicleta para su hija, también puedo grabar el nombre, Paulita. si usted así lo quisiera». Yo, sin pensarlo dos veces, le dije que sí, pero solo con una condición, tenía que armarla de una manera especial, juntando piezas y partes de otras bicicletas viejas que otros niños, ya adultos, habían dejado de usar. Otras bicicletas que tuvieran grabadas en sus ruedas, aventuras, travesuras e historias divertidas. Con esas piezas y partes "viejas" se armaría Paulita, una nueva bicicleta para pedalear una nueva historia. La de mi niña grande que ya empieza a llamarse Paula, y que para mí siempre será Paulita. El señor Celso estuvo de acuerdo y la construyó. Para él fue una obra de arte y al terminarla le sacó una foto y la colgó en la pared de su taller de bicicletas, quien sabe tal vez la conservó ahí, en ese lugar, para siempre".

Y así fue como en tu cumpleaños número 10, papá te dio ese regalo especial. A pesar de que ya pasaron muchos años de ese día, todavía lo recordás como si fuera hoy. Dejó en vos una marca. Tu primera bicicleta y la posibilidad de pedalear tu propia historia.

Mis Hijas. Nuestras hijas

Al nacer, los ojos de nuestras hijas nos miraron como si nos estuvieran hablando. Sus sonrisas transforman un día gris en uno que vale la pena ser vivido, sus pestañas y cejas parecen pintadas dando el marco perfecto para la expresión de sus ojos. Sea en Berlín, Madrid, Buenos Aires, Singapur o, aquí, en São Paulo por la calle les dicen: "qué lindos ojos tienen, qué lindas son". Esos ojos que nos encandilaron para siempre desde el día en que nacieron.

La llegada de nuestras hijas cambió el sentido de nuestra vida y nos transformó en una familia. Cada una de ellas llegó a través de un acto de amor. Coni fue concebida en Berlín y nació en Buenos Aires, Euge fue concebida en Uruguay y nació en Madrid. Así empezó para ellas su vida itinerante, viajaron miles de kilómetros desde que eran un pequeñísimo embrión.

El parto de mis hijas es el recuerdo más bello y puro que tengo de mi vida, a pesar del dolor, las horas de espera; lo que se vive en la sala de partos está envuelto por una energía que es imposible de poner en palabras. Momento en que un ser nace y llega al mundo para sembrar su luz. Fue el comienzo de su propia existencia. Coni nació de parto natural, con fórceps, después de varias horas. Eugenia fue más rápida, aunque tuvieron que inducir el parto con oxitocina; su hermana ya había hecho el trabajo de abrir el camino. Al salir de mi cuerpo las acogí sobre mi pecho, ellas para sentir mi calor, yo para sentir su corazón, y nuestras almas se conectaron. Es algo único, lo más amoroso y sublime que te regala la vida, la posibilidad de ser madre.

María Constanza, Coni, nació el 18 de abril de 2003 en el sanatorio Mater Dei en Buenos Aires a las 9 am de un Viernes Santo. El obstetra fue el doctor Federico Di Paola que había atendido mi hermana Melania. Mi sobrino Nachito había nacido dos meses antes, el 20 de febrero del 2003 y fue el doctor Di Paola quien lo asistió en una cesárea complicada. Nachito llegó dos meses antes de lo previsto y tuvo que permanecer un mes en terapia intensiva. Melania y yo esperábamos que nuestros bebés nacieran el mismo día, pero a veces la vida da sustos y el nacimiento prematuro de Nachito fue una de ellos. Unos días antes de que naciera Coni, Nachito fue dado de alta.

Los primeros días de marzo del 2003 había llegado a Buenos Aires húmedo con mi panza enorme después de un vuelo larguísimo. Había salido de Berlín con nieve y un frío que me congelaba entera. Viajaba por Luthansa, sola con mi panza de siete meses y medio, con los miedos de una madre primeriza, pero me sentía segura de viajar con azafatas bien entrenadas, las alemanas de Lufthansa. Si Coni quería nacer antes de tiempo, ellas serían mis mejores parteras en el aire. Y así fue como emprendí el viaje hacia Buenos Aires que duró 17 horas en total.

Coni pesó 3.200 kilos. Fue un parto en el que todos los que estaban en la sala ayudaron a pujar. El trabajo y la entrega de la partera Marta lo recordaré toda mi vida, su fuerza me ayudó en cada pujo, en cada bocanada de aire que precisaba para seguir haciéndolo. Se complicó el último tramo del canal de parto y el Dr. Di Paola sin dudarlo dijo: "vamos a utilizar fórceps". Coni nació sana y radiante, nuestra primera hija. Aún hoy conserva esa misma fuerza que la ayudó a salir de mi panza. Ella nunca se rinde. Coni es una guerrera.

Nuestra vida en Berlín había quedado detenida para poder compartir el nacimiento de Coni con mi madre, mi tía, los padres de Diego y nuestros hermanos, pero había que pensar en volver. Diego fue el primero en regresar a Berlín, y ocurrió algo inesperado. Coni se enfermó a los pocos días y tuvimos que internarnos las dos juntas. Mamá ya había regresado junto a mi padre al Uruguay. Recuerdo a la tía Irma con su bastón entrando por la habitación del hospital. Ella era una partera con años de experiencia, levantó a Coni, la colocó entre brazos y miró atenta su cuerpito, el color de su piel, su expresión y dijo muy segura: "despreocúpate, Paulita, no tiene nada". Días después me confirmaron lo dicho por la tía, que solo había sido una reacción normal que se conoce como la sexta enfermedad, fiebre muy alta los primeros días y termina con unas manchitas en la panza. Eso fue todo, un susto grande, mi primera angustia a la espera de un diagnóstico de un hijo.

Diego volvió a Buenos Aires cuando se enteró de la enfermedad para estar junto a nosotras. Coni fue dada de alta y empezamos con los preparativos para el regreso a Berlín. Despedimos a los amigos en la casa de mamá, en Villa Devoto, con las tortas preferidas de Diego de "Ricas y Famosas". El día siguiente despedimos a la familia con un locro del 25 de Mayo en la casa de Viviana, la hermana de Diego, y de su marido Pablo, en la calle Bazurco. El 26 de mayo salimos para Berlín junto con mis padres, les había pedido que nos acompañaran, supongo que para aquietar mis miedos de ser madre primeriza en un país extranjero. Llegamos a Berlín, después de un viaje con escalas en São Paulo, Frankfurt. Quién diría que 14 años después estaríamos viviendo en São Paulo, entonces fue una escala de dos horas y hoy tal vez sea una escala para toda la vida.

Coni vos, con tus ganas de vivir, tu determinación y temperamento fuerte nos enseñaste el valor que tiene en la vida seguir luchando. Unos de tus dones más hermosos es ¡tu garra!, el no bajar los brazos, el esfuerzo. Con el tiempo, en la convivencia madre-hija, vos más precipitada, yo más serena, aprendimos a enfrentar mejor lo que llega. Las dos mejoramos nuestras elecciones. El "combo" de tu personalidad más la vida por el mundo, Coni, te llevó a fortalecer la seguridad en vos misma, mientras sembrabas amigas por donde anduvieras. Desde muy chiquita, tus amigas fueron tu norte, tu puerto seguro. Las encontraste por el mundo y ellas se convirtieron en tus hermanas del alma, Mariana en Madrid, Abril en Buenos Aires, Valentina en São Paulo.

Tus primeros meses de vida transcurrieron en Berlín, en la casa de Uhlandstrasse. Adaptamos la habitación de huéspedes y la hicimos tu dormitorio. Compramos una cuna de madera blanca, estilo antiguo, con un velo blanco que en sus contornos tenía bordado animales lilas y rosas pasteles. Tu primer cambiador, tu guardarropas blanco y en el interior las perchas pequeñas, pintadas a mano por la abuela Marta, para colgar la ropa pequeña, los vestiditos minúsculos, los primeros abrigos para la primavera berlinesa. Esos primeros meses de madre-hija fueron de un aprendizaje continuo, yo ya estaba sola, mamá se había ido, no tenía ninguna abuela o tía cerca que me transmitiera un poco de la sabiduría de cómo ser madre. Decidí seguir mi intuición, vos con tus ojos, con

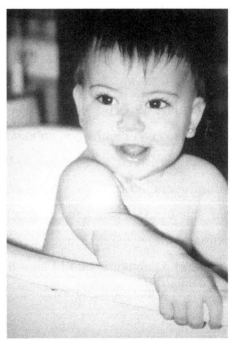

tus gestos me hablabas, me explicabas qué querías y qué no querías. Después de 14 años seguimos igual: con tus ojos me hablas, con tu sonrisa me confirmas que estás feliz, con tus gestos me decís que algo no anda bien. En estos años que llevamos aprendiendo juntas no nos fue tan mal, nos queremos y sabemos que estamos la una para la otra, siempre. Yo sé que vos sabes lo mucho que te amo. Solo tenías tres meses cuando empezamos juntas a frecuentar los grupos de bebés en Berlín, Pekip Gruppe, lugar donde ambas aprendíamos, vos a ser hija y yo a ser madre. En esos grupos nos dimos cuenta de que entre pares se aprende mucho mejor. Nosotras, madres, les cantábamos canciones en alemán, les hacíamos masajes en los pies, en el pequeño cuerpito, los estimulábamos. Tenías tres meses de vida y ya te conectabas con el mundo e intentabas tocar y jugar con tu compañero de al lado. Esa hermosa conexión con el mundo y sobre todo con lo que te rodea es uno de tus tesoros.

Al año de vida de Coni estábamos viviendo en Madrid. Nos habíamos mudado porque queríamos una cultura y un ambiente más parecido a nuestras raíces latinas. El tiempo previo al nacimiento de Eugenia, Coni estuvo muy inquieta, no había niñera, *au-pair,* que pudiera con ella. Yo necesitaba ayuda ya que me habían diagnosticado placenta previa y debía hacer reposo hasta el último trimestre, el mejor del embarazo. La primera niñera era de Austria y se llamaba Theresa, adoraba la música, tocaba la flauta traversa y se quedó con nosotros seis meses. Luego, para los últimos meses del embarazo de Eugenia, llegó Nicola, alemana, la elegimos porque había hecho prácticas como auxiliar en ambulancias –al terminar el colegio los jóvenes alemanes deben hacer trabajo público como retribución al Estado por la enseñanza recibida–, y se quedó hasta que Eugenia tuvo un mes de vida. Con la última niñera, Samantha, australiana, tuvimos una mala experiencia. Cuando analizamos su perfil en Internet, nos había parecido "adecuada" y pensamos que había muchas razones por las cuales la convivencia saldría bien. Viajamos con Samantha a la Argentina y a Uruguay, era enero del 2007. Después de unos días Diego volvió por trabajo a Madrid y yo me quedé en Uruguay colapsada por el cuidado que me demandaban las niñas pequeñas. Mis hijas no se adaptaron a Samantha, que pasaba gran parte del día hablando por teléfono, y ella tampoco se adaptó a nuestra vida itinerante. Cuando regresamos a Madrid, por suerte, nos dejó. Nunca volvimos a repetir la experiencia de tener una *au-pair* en casa.

María Eugenia, Euge, nació el lunes 18 de septiembre de 2006, nombre que elegí porque me encanta. Es el que lleva mi hermana menor, Mariana Eugenia, un ser especial que quiero y admiro. Euge, nuestra segunda hija nació en Madrid, en el hospital San Francisco de Asís, en la habitación 212. Era una linda mañana de otoño.

Seis días antes había nacido en ese mismo lugar, en la misma habitación, Vega, hija de mi gran amiga madrileña, Virginia Escudero. Ambas habíamos quedado embarazadas en el mismo mes, en diciembre. Cuando regresé a Madrid en enero de 2006, después de las fiestas de fin de año, nos llamamos para contarnos que estábamos embarazadas. Ella acababa de llegar del norte de España y yo de Uruguay. No creo en las coincidencias.

Vega y Euge son almas gemelas, como lo son sus hermanas Coni y Mariana, como lo somos Virginia y yo.

Mi madre viajó a España para acompañarme los últimos días del embarazo. Llegó a Madrid el 1 de septiembre. Fui a buscarla al aeropuerto de Barajas a las dos de la tarde. Salió por la puerta con su valija de viaje de flores en tonos marrones y su sonrisa, al verla tan feliz me emocioné. Nos abrazamos, ella tocó mi panza y yo volví a emocionarme. Ella supo estar en los momentos claves de cada uno de sus hijos. Era una presencia importante, sino la más importante en la vida de nosotros, sus hijos. Nuestra madre, mi madre.

Esos meses compartidos fueron únicos para mamá, para mí e imagino que también para vos en mi panza, Euge. Irrepetibles y quedarán en mi memoria para siempre. Nuestras caminatas matinales, nuestras charlas eternas sobre la vida, las compras en la tienda el Corte Inglés para tus primeros meses, nuestras salidas de tapas o al teatro, en las que era inevitable hablar de vos, imaginarte. Mi padre, tu abuelo Oscar, llegó ansioso el 16 de septiembre y compartimos un almuerzo en familia. Horas después se fue junto con Diego a ver una corrida de toros en la Plaza de toros de Madrid, en el barrio De las Ventas. Ese día descubrí que los hombres conectan con cosas distintas de las mujeres. Mientras nosotras nos ocupábamos de tu llegada, ellos se entretenían en la corrida de toros.

Dos días después, el lunes, naciste, Euge. Yo estaba en la semana 40 y el parto no podía esperar. Fue programado y provocado con oxitocina, todo fue muy rápido, ingresé a las 10 am y cuatro horas después ya habías nacido. Tengo el recuerdo vivo de ese momento, el médico, Diego, y yo en la sala de parto y tu cabecita casi afuera, él pidiéndome un pujo más… naciste sin dar tiempo a que llegara la partera.

Cuando te pusieron sobre mi pecho, tu papá y yo lloramos emocionados. Tenías la carita roja, eras una saludable beba de 3.800 kilos. Ya había llegado la partera y te llevó con ella. Agradecí profundamente a Dios por haberme dado nuevamente la oportunidad de ser madre. Al poco rato, te trajeron vestida de blanco y desde entonces estamos juntas.

El 20 de septiembre nos dieron el alta y fuimos al departamento de la calle Santa Hortensia con todas las cajas embaladas porque en dos días nos mudábamos a la casa de Soto de Viñuelas. No había cuna y dormiste en la cama grande con tus papás. Hasta el día de hoy te sigue gustando tirarte un rato en mi cama.

Los abuelos se quedaron unos días para acompañarnos y ayudarnos con la mudanza. Te daba la teta, yo dormía cuando vos dormías y compartía unos mates con mis padres. Por suerte, Coni ya estaba en el nuevo Colegio, King's College, a solo cinco cuadras de la nueva casa y podía ocuparme de lo que vos necesitabas. Tu papá tuvo que volver al trabajo y a la noche lo esperaban exquisitas comidas preparadas por tus abuelos, Oscar se ocupaba de lo salado, sobre todo cocinaba pescado y Lydia lo consentía con tortas y postres. Rosita, nuestra ayuda en casa, se ocupaba de los quehaceres domésticos y Nicola, la *au-pair*, me ayudaba con ustedes. La vida volvía a su rutina, pero en una casa nueva y sobre todo con un nuevo integrante en la familia, vos. Éramos una familia feliz.

Nuestra vida, la tuya y la mía, transcurrían compartiendo la siesta mirando la sierra madrileña desde el balcón de mi cuarto, con paseos interminables por las calles de Soto de Viñuelas, donde el sol otoñal bañaba tu cara y te acariciaba la piel ayudándote a descansar. Te gustaba más la mamadera que la teta, tal vez, porque tenía poca leche o porque era más fácil y rápido para vos. También te gustaba estar despierta y costaba hacerte dormir. Curiosa y siempre atenta a todo lo que te rodeaba. En la cama, tu cuerpito inquieto se movía tratando de encontrar el sueño que tardaba en llegar, pero al final cerrabas los ojitos y dejabas entrar el sueño profundo. No te gusta dormir sola, aún hoy seguís pidiendo que te acompañemos a la cama, te gustan los besos, los mimos y los abrazos antes de dormir.

Euge, sos luz y brillás desde que naciste. Tu sonrisa, tu carita angelical, tus ojos que hablan por sí solos. Por los lugares que pasas dejas tu huella. Tus amigas te quieren, tus maestras te adoran, la familia te extraña. En cada colegio dejas un vacío y tus amigas te siguen añorando. Tu gran amiga, Ainhoa, de Buenos Aires, sigue diciendo "mi mejor amiga se llama Euge y vive en São Paulo".

Sé que ser la segunda hija es un garrón. Toca usar algunas cosas de segunda mano, la cuna, juguetes, los uniformes del colegio y algún vestido de tu hermana. Los más grandes suelen tener algunos privilegios, el dormitorio más grande, ir a la casa de amigas a dormir más seguido, o ir sola al cine y vos no ves la hora de que esas cosas sean también para vos. Mi amor, ya llegará esa hora es solo cuestión de tiempo. Ser la hermana menor tiene otros privilegios, serás siempre la más chiquita, la más mimada de la familia. Con los primeros se prueban muchas cosas, y nos equivocamos, tenés suerte de ser la segunda, con vos nos equivocamos menos o no repetimos los mismos errores.

El camino de ser padres se aprende poco a poco. Ustedes fueron y son nuestras grandes maestras en este arte que regala la vida: el ser padres, un privilegio.

La fe cristiana es importante para nosotros como familia por eso las bautizamos y las acompañamos en la Primera Comunión. Abrimos el camino hacia una vida espiritual que las acerque a Dios. Mamá se formó en la religión evangélica y papá es católico, nuestro hogar es cristiano.

El mundo en que vivimos es difícil y quizás el que vivirán ustedes lo será aún

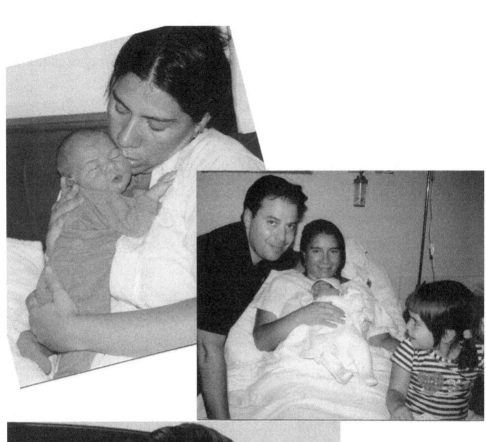

más, por eso queremos, como padres, dejarles esta semilla de fe en sus corazones. La vida cristiana no es fácil, requiere compromiso, cumplir ciertas normas pero vale la pena ser vivida, las va a bendecir con más amor, más paz y les dará luz para encontrar sus destinos. Nosotros solo les mostramos hacia dónde ir, ustedes lo continuarán a través de la oración, a través de la cercanía con Dios.

Con el tiempo construirán una personalidad y harán una búsqueda para lograr sus aspiraciones íntimas, y deseo que tengan la sabiduría de encontrar lo mejor más allá de los criterios de éxito que proponga la sociedad en donde vivan. Se entregarán a veces hasta el agotamiento a la familia, a los amigos, al trabajo. La vida. Nosotros tenemos la esperanza de que puedan descansar en Dios.

Los bautismos fueron momentos hermosos compartidos en familia. Apenas nos mudamos a España, en marzo del 2004, viajamos a la Argentina para bautizar a Coni el 18 de abril 2004 y aprovechamos también para festejar su primer cumpleaños. Compartir la ceremonia y el festejo con los abuelos, los tíos-abuelos, los tíos, los amigos fue importante y compartir el bautismo de nuestro ahijado

18 de Abril de 2004
Cumplo 1 Año y me bautizan...

La ceremonia:
Santuario San Ramón Nonato
Cervantes 1150. Capital Federal
a las 12:30 hs.

Mis Papis:
Paula y Diego Novellino

Mis Padrinos:
Verónica Racchio
Pablo Maddonni

María Constanza

Alfonso Ron el mismo día que Coni fue un privilegio. Los dos estaban divinos, ella con su vestido color manteca, él con su ropita celeste.

Viajaron para la ceremonia Oorlagh y Mónica, hermanas del alma, dos amigas que la vida nos cruzó en Berlín. La celebración en la Parroquia San Ramón Nonato, el patrono que ayuda a las mujeres a quedar embarazadas, fue conmovedora. En ese mismo lugar las madres bautizan a sus hijos tan esperados. Ese día había muchos bautismos y la felicidad de haber concebido después de tanta espera era contagiosa.

La fiesta en la Casa de la Villa fue una celebración, divertida, alegre, genuina, estábamos con la gente que amábamos, felices de estar juntos. El día era radiante y aprovechamos el parque que rodeaba la casa. Los chicos adoraron los títeres y a los animadores, y gran parte de la fiesta se entretuvieron con juegos infantiles, mientras los grandes se divertían con otros juegos. Coni estuvo adorable, solo durmió un par de horas para reaparecer y soplar su primera velita. El baile fue

Mi Bautismo

26 de Agosto de 2007

Parroquia del Espíritu Santo
Pacheco 2059, Capital Federal
a las 12:00 Hs.

Mis Papis:
Paula y Diego Novellino

Mis Padrinos:
Paula Bonelli
Manuel Ron

María Eugenia

con los Teletubbies, personajes de TV que le gustaban mucho. Los padrinos, Vero y Pablo, estuvieron presentes, hoy siguen acompañando a Coni en cada etapa de su vida. Lindos padrinos. Lindos momentos compartidos.

Bautizamos a Eugenia en Buenos Aires el 26 de agosto de 2007. Fue una celebración agridulce, pocos días antes había fallecido la tía Irma. Era ineludible que estuviera empañada con la tristeza de su partida. La ropa y los zapatos que la tía había comprado para usar en el bautismo habían quedado ahí en su habitación... no llegó a estrenarlos.

Llegué a Buenos Aires los primeros días de agosto, era un invierno frío y lluvioso, mi hermana Mariana me había acompañado para que no viajara sola con las nenas desde Madrid. Nos recibieron en Ezeiza, las tías Irma, Melanía y los primos. Me conmovió ver a Irma ahí, con su bastón, con su cabello gris, tan hermosa y tan presente como siempre. Apenas nos saludamos puse a Eugenia en sus brazos y le dije: "tu sobrina nieta, Euge". Ella la besó con gesto de profunda alegría, profundo amor. Reafirmé entonces que la vida está hecha de esos pequeños instantes que son únicos... ¡Cuán importante es la presencia! Cómo imaginar que 15 días después la tía Irma ya no estaría más entre nosotros.

Gracias, tía, por estar en los momentos importantes de mi vida. Las dos sabemos los mucho que nos amamos.

El día del bautismo nos juntamos en la Parroquia del Espíritu Santo, Eugenia sería la única bautizada por un pedido especial de la abuela Marta al sacerdote. Fue una ceremonia íntima, la familia, los padrinos, el tío Manu, otra de mis amigas del alma Paula Bonelli, Eugenia y el sacerdote. Elegimos el mismo lugar para el festejo, La Casa de la Villa. Fue un día frío, lluvioso y no pudimos usar el jardín que bordeaba la casa, pero fue como si la casa nos hubiera arropado entre sus paredes. Fue algo triste y reconfortante a la vez, la muerte y la vida estaban juntos ese día.

La torta del bautismo fue salida de un cuento de hadas, la habían preparado

Carlita Puppi y Paula Bonelli, amigas que me regalaron el jardín de infantes y el primer grado. Esos círculos que tiene la vida, tus amigas de la infancia haciendo con tanto amor la torta de bautismo de tu hija. Entender que todo circula y fluye hace más simple el vivir. Cuánto amor había en esa torta gigante de seis pisos, de colores pasteles, con hadas pequeñas, una obra de arte.

Euge estuvo radiante con su vestido de bautismo color crema y su capita de paño haciendo juego. La sonrisa y el buen humor fueron la mejor vestimenta ese día. No durmió ni un minuto, estuvo de brazo en brazo, de abuelo en abuelo, de tío en tío. Uno de los preferidos es Marcelo, "el tío Marce", que la hace llorar a carcajadas cada vez que él le hace cosquillas en la panza. La abuela Lydia decía: "Euge, te mira con esos ojos… y te compra".

Las comuniones me traen el recuerdo de gratos momentos. Coni tomó la comunión en Buenos Aires junto con todas las amigas del colegio, Luli, Juli, Abril, Sofi. La ceremonia fue en el auditorio del colegio Belgrano Day School. Toda la familia estaba allí presente, los primos de Córdoba, los primos de Buenos Aires. Diego había llegado esa misma mañana de Alemania. Después de la ceremonia fuimos a un salón y pasamos el día con la familia y amigos. Compartimos risas, juegos, comidas y anécdotas. Mi querido Manolo me dijo al oído: "Tú, querida Paula, calladita, calladita siempre nos regalás unas fiestas hermosas, divertidas, se nota que lo haces con el corazón". La felicidad de Coni ese día tan feliz me llenó el alma. La comunión de Eugenia fue en Singapur, una fiesta íntima, inolvidable, pero lejos de la familia grande, imposible viajar a Buenos Aires por solo unos días. La distancia no fue demasiada para las tías Melania y Mariana que llegaron a Singapur desde Buenos Aires la noche anterior a la comunión, después de muchas horas de vuelo. Se levantaron a la mañana bien temprano, cocinaron y decoraron la torta, que fue la más bella que Eugenia jamás hubiera

imaginado, y vistieron la casa de blanco y amarillo. Ellas fueron las hadas madrinas de Euge. Gracias, hermanas, tías, recordarnos el amor y la entrega de ese día. También, nos acompañó la tía Aldana, una amiga que Singapur nos brindó y se ha quedado en nuestras vidas. Los amigos del cole, los amigos del vecindario estuvieron en la ceremonia y en casa. Nena y Diego, los mejores amigos de Euge, estaban de viaje, pero antes de partir habían pasado por casa y dejaron un regalo, querían estar presentes de alguna manera. Lily, Benny, Martin, Delfi, Valentina, Sofía y Shruti estuvieron para abrazarla y compartir su Comunión. Euge estaba hermosa y feliz vestida de blanco y nosotros orgullosos de ser sus padres.

Como mamá, al escribir sobre estos primeros pasos, me sorprendo descubrir lo rápido que crecen y que en un tiempo breve las dos volarán su vuelo.

Quiero dejarles estas palabras de la madre Teresa de Calcuta:

Enseñaras a volar, pero no volarán tu vuelo
Enseñaras a soñar, pero no soñarán tu sueño
Enseñaras a vivir, pero no vivirán tu vida.
Sin embargo en cada vuelo, en cada vida, en cada sueño, perdurara siempre la huella del camino enseñado.

Los abuelos y los nietos

Siempre quise saber, siempre me hago la misma pregunta, ¿por qué de todas las conexiones humanas la relación entre abuelos y nietos es la que más me conmueve? ¿Será que la mirada entre ellos es más suave, más generosa? ¿Será que el amor puede vibrar sin poner barreras? ¿Será que la inocencia de la niñez coloca a los abuelos como héroes frágiles y flexibles, y a nosotros, los padres, como héroes fuertes e inflexibles?

No lo sé. Solo sé que al observarlos encuentro una de las más bellas conexiones humanas.

Escuchar a mis hijas, a mis sobrinos decir "yo amo al abuelo" me llena el alma. Es un vínculo de amor que no pide, no exige, fluye. Todo lo enriquece y lo hace cada día más fuerte. Los nietos muestran la frescura, la sorpresa ante el mundo que se les abre y los abuelos se reconcilian con la vida, encuentran la oportunidad de acompañar con sabiduría a los nietos en su camino. Los nietos muestran sus sentimientos con transparencia, con libertad, y los abuelos reciben ese regalo de amor, y de alguna manera se encuentran en los ojos de sus nietos.

Escuchar a mi hija Eugenia cuando dice "quiero las torrejitas de acelga como las hace la abuela Marta", "me gusta el asado que prepara el abuelo Oscar" o "¿me revisás la boca, abuelo Julio, me duele un diente?", me conmueve.

Mi hija Constanza cuida y disfruta de los regalos de las abuelas. Cada vez que viaja lleva el neceser de la abuela Lydia, una valijita con corazones que acompañó a la abuela en sus viajes y en sus últimos días en el hospital. Su primera casita de muñecas barbies la armó la abuela Marta y la llevó a Madrid de regalo de Navidad. Cada pieza de la casita estaba pintada con muchos detalles, una enorme muestra de amor, hasta tenía cortinas en las ventanas. Era una casita de ensueño. Coni jugó por años con ella.

Mi sobrina Emilia pidió una lija para dar brillo a la placa donde está escrito el nombre de la abuela Lydia. El tiempo y el mar lo habían borrado. Sus cenizas descansan en la casa de la playa, en La Paloma, bajo unas hortensias fucsias y violetas, las flores preferidas de mamá.

El dibujo de Emilia pegado en la heladera de la casa de los abuelos, en Villa Devoto, que tiene escrito "tomar los remedios", me conmueve.

Cuando el abuelo Julio cumplió 80 años, viajamos desde São Paulo a Buenos Aires para el festejo. Coni, Euge y los primos le regalaron una camiseta de fútbol "porque al abuelo le encanta el fútbol" y en la parte de atrás grabaron el número "80" y el nombre "Julito" como lo llaman cariñosamente todos sus nietos.

Recuerdo, en Singapur, a Eugenia usando las pantuflas regalo de la abuela Lydia, no importaba que en Singapur la temperatura fuera de 40 grados el día entero, ella las usaba de todas maneras. A la abuela Lydia tampoco le importó la temperatura de ese nuevo destino, solo quería complacer a su nieta. Eugenia se las había pedido.

Cada Navidad que pasamos en Buenos Aires es un tradición ir a misa de las 8 pm en la iglesia del colegio donde estudiaron los primos Agos y Nico. Allí vamos con la abuela Marta y el abuelo Julio. Compartir ese ritual a Euge y a Coni les llena el alma. El ritual de la misa de los domingos se repite que en cualquier país que vivamos y, de alguna manera, al rezar ellas se conectan con la abuela y con sus seres queridos.

Escuchar a Eugenia recitar las oraciones enseñadas por la abuela Marta, me conmueve.

Todos los veranos, al llegar a La Paloma en donde compartimos con los primos y los tíos nuestras vacaciones, el abuelo Oscar espera a sus nietos con el asado. Todos llegamos hambrientos y felices después de un largo viaje a ese lugar donde reconfortamos nuestros corazones. Momento sagrado del año en el que todos los hermanos nos juntamos, en el que traemos nuestra infancia, en el que transmitimos a nuestros hijos quiénes somos, de dónde venimos.

Que el abuelo Oscar y la abuela Lydia sean el pilar de todo eso, me conmueve.

En esos años en la casa de Villa Devoto, el abuelo Oscar cobijaba a nuestros hijos entre sus brazos mientras hacia la siesta en el sillón verde.

Que el nombre de los abuelos esté siempre presente, que tengamos conciencia de lo que ellos construyeron y aún construyen en nosotros nos fortalece en el día a día.

Transitar parte de la vida con abuelos es un privilegio.

Nietos y abuelos saben cómo devolver el amor que reciben. Es como una convivencia en armonía cuando el dar y el recibir están equilibrados.

Los nietos saben que los abuelos que "viven" no se mueren nunca, solo se hacen invisibles de a ratos. Los abuelos no mueren en nuestro corazón, dejan su esencia en los lugares que estuvieron. Ellos saben que los abuelos nos dejaran dentro de un tiempo breve. Los nietos abrazan a sus abuelos hasta el infinito, usan sus zapatos, se tiraran en sus camas, se ponen sus abrigos, y se cuelgan sus collares, juegan a las cartas y escuchan sus historias. Los nietos enseñan a manejar el iPad, y los abuelos a manejar el auto. Como cuando Nico aprendió a conducir y el abuelo Manolo le dio las llaves del auto para que manejara hasta la costa, a Mar de Ajo, en donde pasó sus

últimos veranos, en donde cumplió sus últimos 80 años.

Todas estas palabras me llevan a escribir sobre la historia del bamboo, historia que me contó Wayan Ari, el chofer que teníamos cuando viajábamos a Bali, Indonesia. Los Indonesios en cada puerta de sus casas tienen una planta de bamboo, la cual decoran con telas cuadrillé, blancas y negras, como símbolo de que en todo lo malo (negro) siempre hay algo bueno (blanco) o con telas blancas y amarillas cuando festejan los nacimientos o las muertes de algún ser querido. El bamboo es símbolo de la vida, cada anillo simboliza alguna parte de ella, la infancia, la juventud, la edad adulta y la vejez. El bamboo resiste fuertes tormentas y vientos. Es hueco como símbolo de dejarse penetrar, es liviano y flexible. A medida que va creciendo se hace más fuerte, anillo a anillo va constituyendo su estructura, en su parte final es muy finito y tiende a encorvarse, se hace cada vez más flexible, más frágil como símbolo del final de la vida, la vejez, cuando ya no hay resistencia, se entregan al viento y a las tormentas. Tal vez, algún día, en alguna tormenta fuerte, esta parte del bamboo se rompa o se seque y se desprenda, dando lugar a los nuevos anillos que se fueron formando... los nietos crecen observando a los abuelos, aprendiendo a ser frágiles y flexibles como ellos. Cada vez que veo una planta de bamboo viene a mi cabeza esta historia que me lleva a recordar y agradecer lo mucho que me enseñaron la abuela Rosa, el abuelo Serafín, la abuela Adela. Honor a los grandes que aún nos acompañan, honor a los que ya dejaron en el camino, humildad a nosotros para seguir aprendiendo de ellos.

Rua Tupi,
terapia a las 13.30

São Paulo da una sensación de inmensidad que no experimenté, ni en Madrid, Berlín, Singapur o Buenos Aires.

São Paulo es gigante. Distintos barrios, todos diferentes, a la vez todos parecidos, en donde conviven la riqueza y la pobreza, distintas razas y religiones, sin molestarse unos a los otros. ¿Moran en aparente armonía? São Paulo tiene un aire de anonimato que me encanta. Siempre hay algo para descubrir que no sabías que existía y te escuchas diciéndote a vos mismo una y otra vez: "esta ciudad es sorprendente, tiene de todo".

Jamás pensás que existe la posibilidad de cruzarte con la misma persona en otro lugar. Un día pasó lo inesperado. Era en un valet parking de Vila Madalena, el barrio bohemio de São Paulo. El maniobrista del predio, al tomar la llaves de mi coche, me dijo:

–Eu conheço a vôce.

 A lo cual yo pregunté:

–¿De dónde?

Y él respondió muy seguro:

—De la Rua Tupi, Dra. Isabel".

No podía creer la coincidencia, una ciudad tan grande y me conocía de la Rua Tupi, un lugar que no imaginaba visitar con tanta frecuencia.

Mi vida, que al llegar a São Paulo iba en un sentido, se detuvo por un tiempo en Rua Tupi, y fue allí cuando me puse a reflexionar. Todos los lunes a las una y media estoy allí, sentada en la recepción, en uno de los sillones color anaranjado, mirando el dibujo de un hombre con torso sin cabeza, escuchado la música clásica que envuelve el ambiente, esperando que mi analista diga que ya es hora de pasar. Llegar hasta allí, depende del tránsito, me lleva unos treinta minutos de casa, desde Vila Nova Conceição hasta el Valle de Pacaembú, camino que disfruto por las curvas, las subidas y bajadas que me recuerdan a mi propia vida. Pocas veces mis caminos fueron rectos y llanos. Unos de esos mediodías llevaba en mi cartera el libro El caballero de la armadura oxidada, cuando abrí en una página cualquiera encontré el diálogo que transcribo más abajo. Decía, me decía que yo no sabía que nadie sabía cuánto tiempo permanecería allí, en la Rua Tupi.

En la fábula, se establece el siguiente diálogo cuando el caballero encuentra al mago Merlín.

—Os he estado buscando —le dijo el caballero al mago—. He estado perdido durante meses.

—Toda vuestra vida has estado perdido —lo corrigió Merlín. El caballero se enfureció—. Sois muy afortunado —comentó el Mago—. Estáis demasiado débil para correr. Una persona no puedo correr y aprender a la vez. Debe permanecer en un lugar durante un tiempo.

—Solo me quedaré aquí el tiempo necesario para aprender cómo salir de esta armadura —dijo caballero.

—Cuando hayas aprendido eso —afirmó Merlín— nunca más tendréis que subir a vuestro caballo y partir en todas direcciones.

El nombre Rua Tupi me llamaba la atención, no sabía qué significaba hasta que Luis, nuestro guía turístico en São Paulo, me lo explicó. Tupi eran aborigenes que habitaban São Paulo, cuando llegaron los portugueses y la manera de nombrar su idioma. Eran diferentes tribus itinerantes asentadas sobre las costas del mar atlántico, Tupi era el idioma que estas diferentes tribus hablaban, era su lenguaje en común para comunicarse. Yo era una extrajera que quería entender este nuevo lugar en el que me tocaba vivir y también quería saber qué me pasaba en ese momento de mi vida en São Paulo. Yo, como viajera, estaba necesitando de alguna tribu que me enseñara lo que yo había venido a aprender a São Paulo. En la Rua Tupi había una sabiduría y conocimiento que yo tenía que escuchar y entender.

Después de un tiempo, no recuerdo si fueron meses o si fueron años, fui hasta allí, a veces, una vez por semana, a veces, dos veces, a encontrarme con Isabel, guardiana y trasmisora de la sabiduría Tupi.

Comprendí que no hay una sola respuesta, que no hay un solo camino, que existe la ambivalencia y que convivir con ella es mi mayor aprendizaje. Después de un tiempo, pude volver a sonreír a través de mis lágrimas, pude volcar mis emociones en la palabra escrita y sobre todo, cambiar mi actitud hacia la vida al descubrir el poder sagrado de la sexualidad femenina y de la importancia de demostrar el afecto. Ahora puedo contemplar la realidad con mayor claridad, sin juzgar y sin excusarme. Acepté la responsabilidad por mi vida cuando entendí quién era, en la Rua Tupi.

CARTAS

a mamá

…si de algo me doy cuenta al pensarte es del paso del tiempo, ¡vuela! Ahora vivimos en São Paulo, otra mudanza…estoy cansada. En casa, las cosas, los objetos están en su lugar, quedó bonito, me gusta. Queda que la casa comience a ser habitada por nosotros. Me encanta reencontrarme con mis recuerdos y descubrir el lugar nuevo para cada cosa. Eso me da paz, no importa en dónde estemos, hay objetos que nos identifican con las raíces, quienes somos, que nos hace felices. Es parte de lo vivido, es parte de nuestro ser.

Uno de los objetos que me trajo esta mudanza es el recuerdo de un CD que me regaló mamá, cantado por Miguel Bosé y Noa, con el tema "La vida es bella". No encontré el CD, no sé dónde quedó ni quién lo tiene, pero la caja vacía me trajo esa canción. Lo busqué en Internet, You Tube, y mientras la escuchaba, sentí que deseaba escribirle a mi madre. Hace tiempo, una amiga querida me había dicho en Singapur, "cuando quieras escribirle a tu mamá, está bueno, te ayuda en el proceso del duelo, en la transición de la pérdida, con el vacío". Mamá, habías muerto hacía ya un año y medio. Era el momento de comenzar el duelo, de empezar a escribirte.

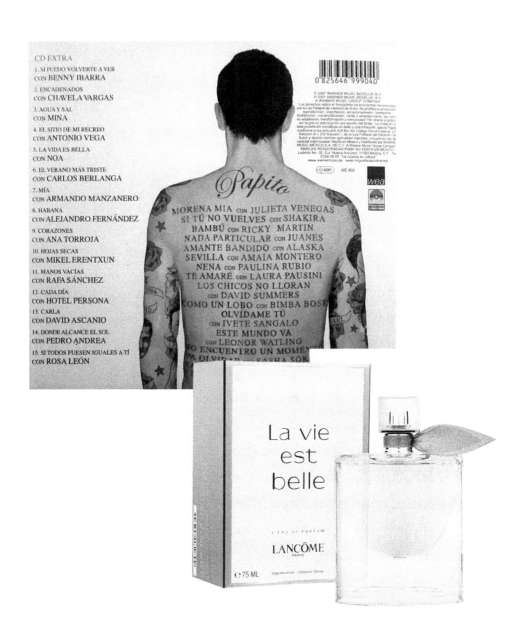

São Paulo, 15 de octubre 2015

Hola, mamá, hola, mami, me doy cuenta de que desde entonces te estuve escribiendo dentro de mí, pero ahora necesito pasarlo al papel. Qué decirte, te extraño con toda mi alma, te quiero mucho. Es tan difícil vivir sin vos, sin que me escuches, sin que me abraces. Estamos en São Paulo, me hubiera encantado, compartir con vos este nuevo destino. Siempre apoyaste mis cambios, desde los más personales, hasta los cambios de ciudades por el mundo, me ayudaste a seguir. Tal vez no te gustó que me haya ido a Singapur, pero en el fondo sabías que era lo mejor para nosotros. Yo sé que me querías cerca y que necesitabas apoyo, mientras estuvimos juntas nos dimos lo mejor de cada una, compartimos muchas cosas como madre e hija. Cuando después de Madrid regresé a Buenos Aires pensaste que nunca más me iría de tu lado, pero volvimos a vivir a la distancia, Mela, Mari, Manu, y Sebas quedaban cerca de vos.

¡Te amamos, Mamá!, siempre te recordamos, sabíamos que estabas cansada, ¡nos habías entregado tanto! Tu ausencia física dejó un enorme vacío difícil de llenar y me doy cuenta de que nunca se va a ir, siempre estará ahí. Igual, mami, quiero que sepas que yo te sigo teniendo a pedacitos en mis hermanos, en mis hijas, en tus nietos y en tus hermosas amigas que, cada vez que vamos a Buenos aires, nos reciben, nos cocinan, nos miman el alma. Te sigo teniendo en tus enormes detalles, en el último libro que me regalaste "Marlene", en el aroma de tu perfume "La vida es bella" cada vez que lo uso, en la música de Miguel Bosé y Noa que tiene el mismo nombre "La vida es bella", en la "Oración del peregrino" que está en la cocina de casa en São Paulo, que termina diciendo:

"que Dios te guarde en la palma de su mano hasta que volvamos a encontrarnos".

Ma, gracias por seguir estando, gracias a estos regalos, te sigo escuchando, te estoy escuchando. Me ayuda cuando todo me agobia, cuando me encuentro a veces sin poder respirar... necesito saber adónde quiero ir, encontrarme con mi esencia, con lo que vos me enseñaste.

Gracias por la canción, las escribo para que las escuchemos juntas...

"La Vida es Bella" por Miguel Bosé y Noa

Yo, yo al verte sonreír, soy el niño que ayer fui
Si yo velo por tus sueños, el miedo no vendrá, y así sabrás lo bello que es vivir.
Caen mil lágrimas al mar.
Tú no me verás llorar, no me verás llorar.
Es que solo tu alegría amansa mi dolor,
y así yo sé lo bello que es vivir.
Sí, mi corazón siempre estará donde esté tu Corazón
si no dejás de luchar,
y nunca pierdas la ilusión, nunca olvides que al final
habrá un lugar para el amor.
No dejes de jugar, no pares de soñar...
que una noche la tristeza se irá sin avisar
y al fin, sabrás lo bello que es vivir...
que una noche la tristeza se irá sin avisar
y al fin, sabrás lo bello que es vivir...

Tu hijita Mariana, la más parecida a vos, me regaló un libro para ayudarme a pasar el duelo de tu partida. Se llama "También esto pasará", dice algo que quiero compartir con vos: "...después de todo amamos como nos han amado en la infancia, y los amores posteriores suelen ser solo una réplica del primer amor". Te debo pues, todos mis amores posteriores, incluido el amor por mis hijas. También dice: "Nunca volveré a ser mirada por tus ojos. Cuando el mundo empieza a despoblarse de la gente que nos quiere, nos convertimos poco a poco en desconocidos. Mi lugar en el mundo estaba en tu mirada y me parecía tan perpetuo que no me molesté en averiguar cuál era". No está mal, he conseguido ser niña hasta los 42 años, esperemos que sepa hacer la transición a la adulta.

Mi nuevo hogar está lleno de vos, te veo en fotos, en tus tarjetas, en tus regalos, te siento en tu perfume, te veo en mis sueños, te recuerdo en tus palabras, el testamento indiscutible de que juntas fuimos muy pero muy felices.

¡Te quiero, Ma!

São Paulo, 15 de diciembre 2015

Hola, mami, soy yo escribiendo de nuevo. Hace un par de meses mientras te escribía estaba muy triste, hoy estoy mejor. Este sábado salimos para Buenos Aires, y luego iremos a la Paloma. Es un viaje para mi muy esperado, emotivo e intenso ya que vamos todos, Sebastián, Manuel, Melania, Mariana y yo, y allá está papá, también van tus nietos, todos, Salvador, Estanislao, Francisca, Nachito, Facundo, Alfonso, Emilia, Coni, Euge, y Milo (bolita de luz). Todos te adoramos y extrañamos mucho. Eras tan querida, tan responsable, y tan preocupada siempre por todos nosotros, que no te daba tiempo de mirarte a ti misma. Todos recordamos con amor tus enormes detalles, esperarnos a la salida del colegio, llevarnos a actividades después del cole, tus ricas comidas, la merienda cuando volvíamos de la escuela, tu siempre estar presente, también recordamos tus puteadas, tus gritos, tu orden, las historias nuestras que les contabas a los nietos cuando hacías la siesta, la crema que te pasábamos por tus pies siempre cansados, todos te extrañamos tanto mami.

Hace dos semanas, Melania llevó tus cenizas a La Paloma. Nos juntaremos ahí para decirte "hasta luego" y honrar la hermosa familia que armaste junto a papá.

Recién la semana pasada pude terminar el libro que me regaló Mariana para ayudarme con el duelo de tu partida. Se llama También esto pasará, que ya te mencioné en otra carta. Quiero contarte más sobre ese libro. Allí se habla de una mamá que le cuenta a su hija una bella historia: en un lugar muy lejano, tal vez China, había un emperador poderosísimo, listo y compasivo, que reunió

a todos los sabios, filósofos, matemáticos, científicos y poetas del reino y les dijo que quería una frase que sirviera para todas las circunstancias posibles, siempre. Ellos encontraron esta frase: "Esto también pasará". Querían decir que el dolor y la pena pasan, como pasan la euforia y la felicidad.

Ese libro me inspiró estos pensamientos: me dejaste el amor al arte, al teatro, a los libros, a los museos, tu generosidad, tus enormes gestos y detalles con los amigos, la importancia de los actos y de las palabras dichas en el momento justo. También me mostraste la curiosidad por vivir, por aprender siempre algo nuevo, la importancia de la entrega, que el desprecio hace la vida mas pequeña igual que la mirada cruel hacia al otro, la envidia y la falta de lealtad. Te reconozco en tus hijos, en tus nietos, todos con buenos valores, con buena educación, cada persona que entra en nuestras vidas es bien recibida por todos nosotros, hijos y nietos, con amabilidad, con respeto, con curiosidad, con cariño, ese es tu legado, mami, GRACIAS.

Nuestro trayecto como madre e hija ya estaba recorrido... yo sabia que vos sabías, las dos sabíamos todo lo que nos amamos. Y quiero dejar en esta carta, mami, tu último y maravilloso regalo, poder yo curarme de otras heridas aprovechando la excusa de que mi tristeza es por tu partida. Yo sé que vos sabés y las dos sabemos que las heridas de mi vida son por otros dolores...

Te amo,

Paula

São Paulo, 20 de enero 2016

Hola, mamá, escribirte es la forma que encontré de decirte, de contarte lo que pasa por mi cabeza y también por mi corazón. Ma, esto duele, me siento sola, me siento a veces sin aire, a veces, pienso que es tu duelo, haberte perdido en forma física, a veces, pienso que es mi propio proceso de transformación, de evolución. No sé cuándo terminará, no sé cuándo pasará, pero lo único que sé es que duele.

Ma, tu partida -no puedo escribir la palabra muerte- es fuerte, dejó vacíos imposibles de llenar, puedo observarlos y dejarlos ahí, en ese proceso estoy... Pensé que todo lo enseñado por vos estaría allí, que en ese lugar iba a permanecer lo construido y fui a la Paloma a buscarlo... y lo encontré de otra manera, no es lo mismo, y eso me dejo triste. Necesito tiempo para poder aceptarlo.

Te cuento que todos están bien, cada uno de nosotros lleva tu partida de distinta manera. Papá se siente solo, extraña lo que compartía con vos, verlo parte el alma: el despertar juntos, el desayuno en la cocina, la discusión matutina de cómo encarar el día, las órdenes que da a los empleados sin tu compañía y el repaso de los clientes que entran al hotel día a día. Toda esa rutina del verano. El chequear quién de nosotros estaría para el almuerzo, quién haría las compras, tu irrepetible frase "Oscar aféitate", "fíjate que ropa te pones", "no te olvides de". Mami, le haces tanta falta, se lo ve tan solo, tan triste. Igual es una roca, sigue tirando para adelante. ¡Estaba tan feliz de tener a todos los hijos juntos y también a sus nietos!.

Como siempre lo hablábamos, es un buen hombre. Te amaba y cuidaba a su manera, con el tiempo y en estos últimos años aprendí a entenderlo. De una manera simple y primitiva nos quiere a todos enormemente. Ya no me peleo más con él, supongo que la madurez me ayudo, y él está más calmado con los años. Con Melania ordenamos su guardarropas y para año nuevo estrenó una chomba que le compramos con las nietas.

También estaban Sofía y Tomás, siempre ahí como soldados, tarde por medio pasan a visitarlo, siempre le hacen compañía. Ya no pasan más los Marsiscano fin de año con nosotros, no sé por qué, tampoco pregunté. Igualmente Silvia y Néstor pasaron el primero de enero por la tarde y pude darles un abrazo, yo no los había visto desde hacía tiempo y me dijeron que estuvieron en tu entierro, ellos te adoran, mami.

Quería contarte que tus cenizas ya están en La Paloma, lugar en el que fuimos todos inmensamente felices. No sabíamos donde querías estar, hasta que un día en la playa nos acordamos de tu adoración por las hortensias, justo había un espacio donde faltaban unas flores, detrás de la casa, por donde todos pasamos al volver de la playa. Estas ahí, mami… con la tierra, con las caracolas que juntaron tus nietas en la playa del faro (que te encantaba), con tus hortensias, y con todos nosotros, mami, que te amamos, siempre vas a estar con nosotros... nos diste todo lo que pudiste sin pedir nada a cambio, nos diste la libertad de elegir nuestras profesiones, nuestras religiones, nos distes la oportunidad de ser lo más parecidos a nosotros mismos, por eso somos todos tan distintos e iguales al mismo tiempo. Gracias, Ma.

Quiero dejar escrito aquí el mensaje que envió Manuel a todos nosotros después de que vivir estos días de verano juntos:

"Como siempre uno decanta ideas, sensaciones, y emociones un tiempo después de vividas, quería compartir con ustedes lo bueno que fue esta semana que pase allá. Ver la foto de los 10 primos juntos, compartir una semana con papá sin querer matarlo, haber finalmente encontrado el lugar para que mamá descanse en paz, haber conversado y sentido con ustedes. Fueron días espectaculares, esperemos poder seguir disfrutando juntos estos sencillos pero valiosos momentos de la vida familiar"

Tus hijos, tus nietos somos como las ramas de un árbol, estamos creciendo en diferentes direcciones, nuestra raíz es una sola. Lo podemos ver en nuestros hijos que cuando se encuentran, se unen de una manera tan natural, armónica y genuina. Esas son las raíces, mami, y eso me da la certeza de que la vida de cada uno de nosotros siempre será una parte esencial de la vida del otro. ¡Gracias por esta raíz!

Te quiero, te extraño, tu hija,

Paula

São Paulo, 11 de febrero 2016

Hola, mamá, yo de nuevo. Te escribí el 20 de enero cuando regresé de La paloma y ahora te escribo nuevamente, la semana pasada en terapia, Isabel, mi analista aquí en São Paulo, me ayudó a develar el significado que tiene para mí la palabra "reconstrucción". De esta palabra salió la palabra "destrucción" e Isabel me preguntó: "¿qué se destruye que yo siempre tengo que reconstruir? Es como si siempre tuvieras la sensación de algo no acabado, no terminado".

La verdad es que luego de este planteo quedé pensativa, ¿le pasaba lo mismo a mis hermanos? Decidí llamarlos y hablar con cada uno. Al primero que llamé fue a Sebastián y le pregunté: ¿qué hago con esto que me pasa? El contestó: Pauli es un trabajo para toda la vida, cuando reflexionas sobre tus límites y trabajas con ellos, te das cuenta de que la misma fuerza que te enferma también te cura, alimenta tu lado más sano. Conocerse a uno mismo ayuda a sacar en nosotros los mejor que tenemos.

Para mi asombro, coincidimos con mis hermanos en que, en nuestra familia, se valoraba mucho el trabajo, los logros profesionales, el deber antes que el placer. Hablando con ellos y contando viejas historias en el Tigre y en el campo, recordamos que vos y papá siempre estaban trabajando los fines de semana y nosotros junto con ustedes. Teníamos muchas casas que atender y no nos daba el tiempo para disfrutar de ninguna. El esfuerzo y el sacrificio estaban por delante y los momentos de encuentro familiar eran demasiado breves. Inolvidables para todos las comidas compartidas y los momentos alrededor del fuego en el living de la casa de campo. También, hablamos mucho del afecto y todos coincidimos que hubiéramos querido más mimos, besos, abrazos. Vos, mamá, atendías nuestras necesidades como podías, éramos muchos hijos... lo

intentaste... pero tu miedo tremendo a perderlo todo, como te pasó cuando eras una niña y te quedaste sin casa y sin tus cosas, hizo que soportaras demasiadas cargas para sentirte más segura.

Mariana heredó tu lado creativo y siempre lo tiene presente y busca desarrollarlo. Mari hace cerámicas y armó un taller de carpintería donde diseña y construye muebles.

Manuel recuerda que cuando lo dejabas en el Tigre con Sofía, ella le daba un montón de atención, mimos y abrazos. Él la adoraba. Cuando se separó de Victoria (sí, mami, se separó en 2014, un par de meses después de tu muerte), en los meses siguientes, tres personas le regalaron el mismo libro: "El caballero de la armadura oxidada", que cuenta la historia de un caballero siempre listo para luchar, que tiene muchos logros, que rescata a princesas, pero su armadura lo vuelve un desconocido para su mujer e hijo. La armadura lo vuelve insensible. ¡Qué fuerte, mami! Manuel no deja de probarse en los deportes, este fin de semana corrió un maratón en la Patagonia, y me comentó que la pesca es su cable a tierra, como lo hacía de pequeño en el Tigre, "un autismo donde encontré la paz conmigo mismo".

Melania, terapista ocupacional, ayuda a los pacientes a rehabilitarse luego de accidentes terribles y recibe el afecto de ellos y de familiares agradecidos.

Para Sebas y para mí, la reconstrucción es un poco más complicada, tal vez porque tenemos en nuestros genes más de papá que de vos. Somos intensos, vamos al límite, creo que mis otros hermanos tienen más control o consciencia de sus límites. A esta conclusión llegué después de estar de viaje permanente, cambiando de país, de casas, tal vez con una inocencia que terminó chocando con la realidad, y de ahí la necesidad de reconstruirme, de rearmarme en cada nuevo lugar.

Y eso es todo, ma. Como te puse en la anterior carta, nos diste todo lo que pudiste con el amor de madre y tu propia historia, sin pedir nada a cambio, y nosotros como hijos, tampoco somos perfectos... hicimos también todo lo que pudimos. Te queremos. Ahora seguimos nuestros caminos, junto con nuestras parejas y nuestros hijos, lo vamos llevando. Tenemos lo mejor de vos y de papá y lo otro que está presente en nosotros intentaremos transformarlo con amor.

Solo para terminar, quería escribir esta frase que leí en Facebook y que sintetiza esta última carta: "tener la valentía de mirar tu historia con respeto, aceptación y agradecimiento incondicional para así poder alcanzar el orden y equilibrio en ese sistema familiar. El que no conoce su historia tiende a repetirla"

Te quiero,

Paula

São Paulo, 28 de marzo de 2016

Hola, mamá, días que no escribo, ya extrañaba el hábito. Estuve en La Paloma para el cumpleaños de papá y a los dos días, el 25 de marzo, recordarte en el segundo aniversario de tu muerte. Valentina (mi fisioterapeuta en La Paloma del hotel Portobello) con quien me atendí la semana pasada, me contó que cuando una persona muere 10 días antes o después del cumpleaños de algún un ser querido, significa que esa persona era importante para ella. Es su forma de honrarlo. Si bien, intuíamos que no era una casualidad, hoy tengo la certeza de que papá era lo más importante en tu vida.

Los días en la Paloma con mi hermano Manuel divinos, geniales; papá emocionado de tenernos a su lado. Feliz. Aprovechamos ese tiempo para llamar por teléfono al resto de la familia, hijos y nietos, amigos. Cada día hablábamos con alguien, enviábamos fotos, de la casa, de las nuevas mesas que construía papá, fotos de nosotros chiquitos que vos habías colgado por toda la casa, los cuadros de Mariana y hasta de las comidas que papá nos preparaba esos días. Ma, ¡hice una torta con velitas!, creo que fue una de las pocas veces en mi vida que hice ¡¡una torta!! Jajaja.

Fuimos a cenar para su cumple, los tres juntos, a la Folie, un nuevo restorán a unos pocos metros de casa, muy lindo, atendido por sus dueños, como le gusta a papá que se colgó hablando con los dueños y con la camarera que era de Barcelona. Le contó que nosotros habíamos poblado La Paloma hace unos 40 años atrás, que vivíamos en la casa más lejana (te acordás, Espuma de Mar), en medio del bosque, sin agua, sin luz, sin televisores... solo nosotros, la naturaleza, la playa. Con Manu, no parábamos de reírnos, papá chocho contando sus anécdotas.

Ma, la semana vivida en La Paloma quedará en mi corazón para siempre, agradezco haber podido estar allí, agradezco la generosidad de Diego por quedarse con las chicas en São Paulo y yo hacer ese viaje sola. Fue volver a mi niñez, fue llenar el alma de hermosos recuerdos. Anécdotas que papá nos contó, sobre su infancia, sobre los abuelos, los tíos y primos –la familia española–, y acerca de los hermanos Ron que de a poco iban llegando a Buenos Aires y se instalaban en San Telmo. La época del conventillo, los oficios de cada uno de los tíos. Los domingos sagrados, cuando la bisabuela María, preparaba la comida familiar. Charlas con Manuel y papá que quedaran en mi memoria. Fue encontrarme de nuevo.

Quiero que esta carta sea un testimonio de todos estos mágicos lugares, La Paloma, la casa del Tigre sobre el río Carapachay, el campo en San Andrés de Giles. Siento felicidad y paz cuando conecto con la naturaleza, sus sonidos, su silencio, el agua. Gracias por haberme acompañado en todos mis viajes, sobre todo en el nacimiento de mis hijas. Cuando les pedí que estuvieran, estuvieron, siempre.

Con papá recordamos esos días y todos los lugares, Berlín, Praga, Madrid, Portugal, también Tres Cantos y nuestros viajes a Córdoba, donde viven Manu y Sebas y los primos cordobeses. Ma, momentos hermosos que la vida nos dio, siempre voy a estar agradecida a ambos.

En la primera carta que escribí en octubre, puse la letra de una canción que me regalaste, "La vida es Bella". Ahora en esta carta quiero regalarte esta canción que encontré el otro día, y que un poco sintetiza mis últimos meses, mis cartas a vos, mi aprendizaje a partir de tu partida.

Los caminos de la vida…
no son los que yo esperaba,
no son los que yo creía,
no son los que imaginaba…
Los caminos de la vida
son muy difíciles de andarlos,

son difíciles de caminarlos,
y no encuentro la salida…
Yo pensaba que la vida era distinta
y cuando era chiquitito yo creía que las cosas
eran fácil como ayer, que mi madre preocupada
se esmeraba por darme todo lo que necesitaba
y hoy me doy cuenta de que tanto así no es,
porque a mi madre la veo cansada
de trabajar por mi hermano y por mí,
y ahora con ganas quisiera ayudarla
y por ella la peleo hasta el fin,
por ella lucharé hasta que me muera
y por ella no me quiero morir,
tampoco que se me muera mi vieja
pero yo sé que el destino es así…
Sé que voy a volver a la casa donde nací
para poder volver a ver a mi madre sentada allí..
Sé que voy a volver a esa calle donde crecí para poder volver a ver a ese niño
que ayer fui…

En eso estoy, mami, aprendiendo que la vida es más complicada de lo que pensaba, aquí estoy perdiendo la inocencia de esa niña que ayer fui y tratando, a los tropiezos, de convertirme en adulta sin perder mi esencia... como me decís a través de la canción La vida es bella: "que no deje de jugar, no pare de soñar, que una noche la tristeza se irá sin avisar y al final sabré lo bello que es vivir".

Te amo, te extraño, tu hija,
    Paula

a papá

São Paulo, 21 de Abril 2017

Hola, papá, te escribo esta carta sentada en la terraza de la casa de la playa, en Riviera de São Lorenço, a tan solo 120 km de São Paulo. Estoy mirando la maravillosa vista a la Mata Atlántica, paisaje natural y salvaje que recorre todo el litoral norte paulistano. La Mata con sus colinas verdes y su vegetación extrema embellece todo el camino bordeando las agrestes playas del litoral, un espacio único en sus formas y curvas, con colinas que reposan en el mar enmarcando las playas en bahías preciosas de aguas tranquilas.

Mi mirada hacia la naturaleza la heredé de vos, aprendí a amarla, a respetarla. Tu necesidad de ese contacto, con el tiempo, se hizo también mi necesidad. En mis genes quedó grabada esa pasión, estos recuerdos: el río durante los fines de semana compartidos en familia: en El Tigre, en la casa "El Aromo" sobre el río Carapachay, con su hilera de árboles altísimos que daban la bienvenida a la casa ubicada al final del terreno. Esa casa a medio construir, mitad de madera y mitad de ladrillos blancos, nos cobijaba después de pasar el día pescando, andando en bote, nadando en el río. Vos, nos preparabas el asado y mamá preparaba la tina de madera con agua caliente para que pudiéramos bañarnos; el campo y la casa de ladrillo de tejas rojizas, pintada de blanco, sobre la ruta 7 kilometro 111 de Buenos Aires, en San Andrés de Giles, la tranquera de entrada con los muros en diagonal y ruedas de sulki, tanque australiano donde nos bañamos por años antes de tener la piscina. Me recuerdo manejando el tractor, mirando a Manuel sembrando horas y horas, cabalgando nuestros caballos, arriando ganado, y la fiesta del 25 de Mayo con el locro y la yerra, junto con a nuestros amigos

a quienes invitábamos a compartir esa tradición; también, recuerdo nuestras tareas odiadas: cortar el césped, regar los árboles; y por último, los veranos en el mar, en La Paloma, en donde veraneamos por años en la casa "Espuma de mar" frente a la playa "Solari", luego en la playa "La Balconada", en donde según mis hijas reposan los mejores atardeceres del mundo, y años después en la casa emplazada en la esquina entre las calles Escorpio y Centauro, de ladrillos y aberturas de madera, con un hermoso balcón con arcadas coloniales. Es tan especial que, a veces, los turistas se sacan fotos con la casa como fondo. Este es tu verdadero hogar, donde pasas la mayor parte del año. Papá ¿cómo elegías tus lugares? Solo sé que primero fuiste a buscarlos al río, después al campo, y por último al mar. Mamá te siguió porque te amaba, nosotros te seguimos porque éramos tus hijos, ahora de grandes elegimos nuestros propios lugares que tiene el aroma de nuestra infancia.

Cuando entro en contacto con la naturaleza, todas estas vivencias vienen a mí, las siento en mi cuerpo y mi alma reposa. Gracias.

Otra de tus pasiones que compartimos es la arquitectura, la construcción. No sabía que dormía dentro de mí hasta que me descubrí construyendo en el año 2009. Se me despertó otra mirada hacia los edificios, hacia los espacios internos. Me sorprendió mi necesidad de recorrer la obra con el arquitecto todas las mañanas para chequear juntos el avance de obra, me sorprendió mi naturalidad para comunicarme con los albañiles, me sorprendió mi curiosidad al elegir cada material, me sorprendió mi respeto por los asados de los empleados los viernes al mediodía. Hoy, tengo la certeza de que esta pasión nació tiempo atrás cuando recuperé mis recuerdos infantiles. Me veo, con vos, los sábados por la mañana en las visitas a la obra para recorrer los edificios que construías. Te veo conversando con los obreros mientras yo corría por las escaleras de hormigón. Ya adulta, construyendo, te recuerdo explicándome que la parte más importante del edificio es "la estructura de hormigón", lo que sostiene.

Como en todo en la vida, heredé tus pasiones de luz y también algunas menos luminosas. Esa tendencia tuya a estar solo, a hablar poco, a expresar poco, me imagino haciéndote a vos mismo estas preguntas: ¿alguien me escucha?, ¿alguien me entiende? Esa tendencia tuya a la intensidad, al impulso que te lleva a muchos lugares, a no necesitar de los otros. Algunas de estas tendencias tuyas también son mías. Pienso cómo hacer para lograr encontrar la medida para volverlas livianas, cómo tomar real conciencia de que todo tiene dos caras, dos

lados, la importancia del equilibrio.

El amor está en equilibrio cuando podemos sentirlo y ponerlo en palabras. Por eso, Papi, quiero poner en palabras lo mucho que te quiero, lo mucho que aprendí de vos. Gracias por tus pasiones.

Te quiero, tu hija,
Paula

a tía Irma

São Paulo, junio 2017

Querida tía Irma

Creo que no tengo palabras para describir mi amor por vos, solo quisiera transcribir en esta carta, tu carta a nosotros cuando vivíamos en Berlín. La tengo conmigo. Me encanta tu letra, la sabiduría de tu escritura, tu encabezado con la palabra "preciosos", tanto Diego como yo nos sentimos honrados de haberte tenido como tía. Los dos te extrañamos. También te extrañan Mela, Mari, Sebas, y Manu, mis hermanos. Siempre que estamos juntos te recordamos. Nunca fuiste una mujer de la época en la qué te tocó vivir, siempre fuiste una adelantada, en tus elecciones, en tu pensar, en tu filosofía de vida. Viviste según tus convicciones, que para esa época era poco convencionales. Te admiramos.

Tu clínica Lincoln, en Sáenz Peña, donde fuiste la partera, la enfermera, la cocinera, un poco de todo. Amabas ese lugar que era tu lugar. No tuviste hijos, nosotros cinco y todos tus nacidos ahí, fuimos de alguna manera tus hijos. Recuerdo a nosotros de chiquitos, corriendo por los pasillos de tu clínica, mientras vos trabajabas incasablemente.

Extraño esas charlas tomando mate en la galería de tu casa en Caseros, en el jardín con tus plantas, tan bien cuidadas por vos. Extraño el ruido de las *pulseras de plata que siempre usabas en tu muñeca. Extraño esas mesas largas donde nos recibías a todos, sobrinos y sobrinos nietos. Te extraño.*

Apr. 9. 2001.

Preciosa:
Q'tal con el frío por lo q' veo en algunos lugares del Este de EU. hace agua nieve.
Bueno Sebastian está estudiando y tanas examen. Salió bien, sino estudia y rinde le dijeron q' no puede seguir trabajando en el centro de estudiantes.
Melanie: firmó el boleto de venta y vio una casa a los fondos de la de su mamá, a la vuelta la calle paralela, el marido le gustó y está en el BBVI.
Mariana y su perro loco un caso, el perrito tiene 3 meses. Se lo compró a la hija de Poli, con papeles y muy caro de idiota q' no te cuento, es lindo pero no piso, como los perros de la calle y va a crecer como un osezno es un terrier Airendale, duerme bajo de la cama de ellos?
Te mandé los chicos bien, Vicky cumple años el 11. Tu hermano estuvo acá y dió por un seminario el día q'

tu mamá estuvo con Marta esa tarde -
Bueno en Bs. As. siempre el mismo despelote peleando los politicos coimeras putas por la guita son unos cerdos pero la gente no gasta porque todo lo q' se dice por TV. es fadioso la provincia de Bs. As. el campo está bajo agua, pero así y todo a tu mamá la siguen llamando para el verano porque la gente tiene miedo de salir afuera, seg un Gisella de 3.000 pasaportes q' hacian hacen 1.000, todos tienen miedo y no quieren ir lejos si no es por trabajo. En cuanto a mí bien con mi artritis pero bien el jardin está precioso y las plantas también tengo 3. 1 ficus, 1 azalea y jazmín q' parece azalea todos los q' puse en tierra y están OK. Bueno chicos cuando vengan hablaremos y hará calor pero ahora de mañana hace frío y a mediodía q' avanza el día hace calor
                muchos besos tía Juny

a mis hermanos

São Paulo, 30 de Julio 2017

Queridos hermanos

¡Pensaban que se iban a salvar de recibir una carta!, pero no, aquí estoy en mi escritorio de São Paulo escribiendo para ustedes. Son parte esencial de mi vida, qué haría yo si no fuéramos cinco, que sería de mí sin sus "cargadas", elogios, críticas, miradas, abrazos.

La idea este libro surgió cuando comencé a escribir las cartas a mamá, ¡cómo se la extraña! ¿no? Cada uno tenemos un poquito de ella, cada uno de nosotros somos una parte de ella. Eso que mamá fue tejiendo a través de los años en la vida familiar. Y lo tejió muy bien. Nos dio lo más precioso que una madre puede dar: hermanos.

Viajar por el mundo me abrió muchos caminos, me dio la oportunidad de conocer otras culturas, y, sobre todas las cosas, me llevó a lugares y escenografías que ya nos habían mostrado papá y mamá de chiquitos. Las experiencias que vivimos juntos de pequeños me ayudaron a encontrarme y a encontrarlos en cada rincón del mundo, donde la sensación de libertad y de conexión con la naturaleza siempre estuvieron presentes. Paisajes de montañas, de arrozales, de mar, de río, grabadas en nuestra infancia compartida.

Todos estos viajes y descubrimientos los hicimos juntos. Descubrí nuestras raíces al conocer la casa y el pueblo Los Nogales, cerca de Lugo, Galicia, de donde había emigrado la abuela Adela y Navelgas, Oviedo, Asturias, el del abuelo Manuel; descubrí los gustos culinarios de papá en la paella valenciana, en el jamón serrano, en el aceite de oliva. Todo esto lo encontré en España. En cambio, la puntualidad, la rigidez y el orden de nuestra madre me lo reveló Alemania. Nuestra conexión con el agua, la navegación y los barcos lo viví en Singapur, aunque más lejos de nuestra idiosincrasia, también me transportó a nuestros años en Tigre. São Paulo me da alegría de estar cerca y poder vernos más seguido. Aquí me deslumbran las playas del litoral norte y el paisaje de la mata atlántica que me recuerdan nuestras expediciones por la isla del Tigre.

Hermanitos, les agradezco de corazón haberme acompañado en todos estos lugares, siempre tuvieron las ganas y el cariño para hacerse un paréntesis en sus vidas y visitarnos por más lejos que estuviéramos. Gracias, Manu, por tu parrilla "al carbón" y tus asados en Singapur; gracias, Mela y Mari, por la torta de Comunión para Euge, en Singapur y el estar presentes en ese día tan especial; gracias, Sebas, por acompañarnos en Tres Cantos, Madrid, por haber elegido en Ikea los muebles para las habitaciones del departamento en Libertador de Euge y Coni.

Estar juntos, sea donde fuere, es volver el tiempo atrás y entrar en el mágico mundo de nuestra infancia, aunque sea por un tiempo breve, a veces horas, a veces días, aprovechando al máximo el tiempo que

nos regala la vida en cada encuentro. Reunidos cada fin de año en La Paloma, volvemos a ser niños y nuestros hijos descubren que, alguna vez, también fuimos chicos, les mostramos lo lindo de tener hermanos.

Cada uno tiene una mirada diferente y al mismo tiempo sé que nos desvelan las mismas preocupaciones: papá, nuestros hijos, nuestras parejas, nosotros como hermanos. Cada uno estará siempre para el otro, sin importar nuestras diferencias. Tener hermanos es la oportunidad única de aprender unos de otros.

Todos tenemos impreso en nuestros genes la gran pasión por lo que hacemos y por el compromiso con los proyectos, todo lo nuevo nos despierta una gran curiosidad. Vos, Manu, con tu proyecto de Bio4; vos, Mari, con tu carpintería y tu creatividad; vos, Mela, con tus cursos y tu seguir aprendiendo; vos, Sebas, con tus retiros, tu espiritualidad y tu cocina, y yo con este libro.

Tuvimos y tenemos sacudidas que te impone el vivir. Los años pasaron, no somos los mismos, hubo hijos, amores, muertes, divorcios, éxitos, fracasos, decisiones, trabajos odiados y otros amados... pero todos sabemos que "La vida es bella".

Los quiero,
          Paula

PD: Sí, ya sé, "se viene el best seller, se hace lo que se puede".

a mis hermanas del alma

São Paulo, 13 de Agosto 2017

Hermanas del alma

Escribiendo este libro busqué fotos viejas de mis primeros cumpleaños en los que estuvieran las tortas que preparaba mamá y me emocionó vernos todas juntas soplando mis velitas. Siempre juntas. Siempre compartiendo los momentos importantes de mi vida. Y luego ver las fotos de nosotras adultas, de grandes, en mi casamiento, en los bautismos de mis hijas, en las comuniones y fotos de las tortas especiales que prepararon con tanto cariño para el bautismo de Eugenia, para mi cumple de 40 años, y para algún otro evento de mis hijas. Esas tías del alma siempre presentes.

Los años nos fueron transformando en "adultas", los días en el cole, nuestras vacaciones compartidas, nuestros primeros novios, nuestros primeros trabajos, nuestros casamientos, algunas enfermedades, operaciones de urgencia, tratamientos para quedar embarazadas, separaciones, nacimientos de nuestros hijos, fallecimiento de seres queridos… acompañándonos crecimos y maduramos juntas. Nos bancamos en nuestras diferencias sostenidas por el amor incondicional que sentimos las unas por las otras.

Como está escrito en nuestro grupo de whatsapp "Por muchos años más" *de esta amistad, construida y cuidada por más de 40 años. Las cuatro tenemos presente que vida es una mezcla de momentos felices y también difíciles… sentimos que la vida es bella, y poder compartirla con ustedes la hace más leve y aún más bella.*

Agradezco tenerlas en mi vida. Vero, Pauli, Carlita. Las quiero como amigas, las admiro como madres y sobre todo como mujeres.

Paulita Ron

a Salva

Río Cuarto, São Paulo, 19 de octubre de 2016

Querido Salva

Un cumple super especial. Hoy, 18 años. Fuiste el primer nieto, el primer sobrino en la familia. Millones de momentos felices a tu lado: tu primer cumpleaños en Río Cuarto soplando la velita con tu camiseta de River Plate, tu primera tabla de surf en La paloma, cuando papá te llevaba a pescar y te ponía ese piloto amarillo, o cuando estabas a la orilla del mar haciendo castillos de arena y cuando por ser el más grande eras el director de obra, tus hermanos y primos te seguían, hermosos recuerdos juntos. Verte crecer, hacerte grande, una emoción y un privilegio para quienes compartimos este camino de la vida junto a vos.

Tu enorme sensibilidad y corazón me llenan de alegría. Siempre dispuesto para todos, los primos pequeños te adoran, los primos grandes te envidian por ser el más grande, el primero. Con derecho a probar todo antes que lo otros, las clases de surf, hacer el asado, manejar la camioneta del abuelo, ir a bailar, etc... Pero no importa lo que piensen, importa lo que sentimos, ¡te adoramos!

Te quiero mucho. Te queremos mucho. Disfrutá este día. Disfrutá a papá, a mamá, a los dos bandidos de tus hermanos, a los tíos, a los amigos. Llenate de abrazos y besos. Aunque hoy estemos un poquito lejos, sabés que estamos cerca y lo mucho que te queremos.

Abajo transcribo un texto precioso que alguna vez leí, que da sentido en este, tu día, tus "18 pirulos".
Te quiero,
tía Paula.

"No dejes que termine el día sin haber crecido un poco, sin haber sido feliz, sin haber aumentado los sueños. No te dejes vencer por el desaliento. No permitas que nadie te quite el derecho a expresarte, que es casi un deber. No abandones las ansias de hacer de tu vida algo extraordinario. Pase lo que pase, nuestra esencia esta intacta. Somos seres llenos de pasión. La vida es desierto y oasis. Nos derriba, nos enseña, nos convierte en protagonistas de nuestra historia. Aunque el viento sople en contra, la vida continúa, y tu puedes aportar una estrofa. No dejes nunca de soñar, porque en los sueños es libre el hombre..."

Te queremos muchooooo,
tía Paula, tío Diego, Coni y Euge.

Mensaje textual de tus primas argentinas-brasileñas:

Hola salva FELIZ CUMPLEANIOS! Que la pases de dies en este dia tan especial que nunca te vas olvidar. WOW sha tenes 18 que numero tan grande.
Tu querida primita,

Euge

Feliz Cumple Salva! Ya tenés 18 espero que la pases re bien, y que sea un día inolvidable para vos y todos los que lo están compartiendo con vos.
Te quiero mucho,

Coni

a Panchi

Buenos Aires, 22 de junio 2017

Panchita

Cada vez que vengo a Buenos Aires veo lo rápido que creces y confirma lo que siempre pienso, el tiempo vuela. Estás grande, estás hermosa, tu cuerpo comenzó a mostrar curvas que de a poco te definirán como una mujer bonita. Si la abuela Lydia estuviera hoy aquí entre nosotros te diría: "Panchi, estas hermosa, tan señorita". En esta ocasión volamos desde São Paulo a Buenos Aires para festejar juntos en familia tus 15 años el domingo 25 de junio. Tal vez, para vos 15 años no sean mucho, pero para nosotros "los grandes" significa que ya dejaste de ser nuestra pequeña sobrina, pequeña hija, pequeña nieta y te estás convirtiendo en mujercita.

Poco a poco fuiste mostrando tu personalidad determinante, con convicciones. Te encanta compartir tus pensamientos sobre temas que te atrapan. Al verte debatir, envuelta en discusiones por las diferencias que observás entre lo que crees justo y lo que no lo es, los derechos de la mujer, las diferencias sociales, la desigualdad, me doy cuenta de eso que ya te dije: estás creciendo a pasos agigantados.

Definir o escribir sobre tu personalidad para mí como tía es muy fácil, sos transparente, sos generosa, dispuesta para estar ahí para tus primos, tus abue-

los, tus papis, tus amigos. El amor y la preocupación por el otro te ayudaron a entender a los otros y a vos misma. La vida te dio una hermana distinta a vos en su personalidad y carácter, pero a través de esas diferencias, de a poco, están tallando el diamante más lindo que regala la vida: ser hermanas.

Pocas veces te he visto de mal humor, excepto los días T.P.M. (una expresión que ustedes, las chicas, usan siempre para cualquier momento de mal humor y me provoca gracia). Tenés buena onda para toda propuesta, ir al cine, al teatro, a comer afuera, salir de compras o viajar juntas, compartir el verano en Uruguay, visitar São Paulo o Córdoba, aunque a veces te dio miedo, igual lo intentaste.

Cuando eras chiquita te gustaba disfrazarte, armar coreografías con amigas y con tus primas. En La Paloma, les gustaba tener todo tipo de accesorios, anteojos de sol, bolsos de playa de colores llamativos y gorros de formas extrañas. Hay muchas fotos que revelan tus gustos de aquellos tiempos eras chiquita y te divertía vestirte de esa manera. Ojalá te sientas libre de seguir respetando tus gustos.

La venta de pulseras y collares que organizaban tus primas nunca te interesó, la veta comercial la tenían Emi y Coni, vos te cansabas, solo te gustaba la confección y el diseño de las pulseras. En tu faceta deportiva fuiste constante, fueron pasando los años y nunca abandonaste la práctica del hockey, aunque al principio no te gustaba mucho. Después de muchos entrenamientos y de partidos, hoy te encanta jugar y estar ahí para el equipo. El fútbol no es tu fuerte, tal vez porque en la Argentina no podés practicarlo, pero cuando hay un picadito mixto en la playa con los primos participás y te divertís muchísimo.

Con el tiempo fuiste cultivando tu pasión por la lectura. Épocas en las que no parás de leer, cuando un libro te atrapa del principio al final, solo lo dejás para comer, dormir un poco y, obvio, para chequear tu Instagram o Snap chat. Tu amor por la lectura es una de las pasiones que compartimos. Cuando decidí escribir este libro, dedicado a la abuela Lydia, pensé en vos, en tu amor a la abuela, en tu amor a la lectura. Sos una de las lectoras más importante de mis textos, quiero que sepas que necesito tus comentarios.

Espero de corazón que te guste mi libro "La vida es bella" y que sea para vos un motivador para que nunca dejes este maravilloso camino de la lectura y de la escritura.

Solo decirte que estás en el inicio de un camino en que todo te pasará muy rápido. Comenzarás a tomar tus propias decisiones, acompañada siempre por tus papis, por nosotros, y que esas decisiones trazarán tu propia historia, en

ese camino te equivocarás y aprenderás.

Nunca dejes de buscarte, de encontrarte en lo que te gusta, en lo que te haga una persona feliz, por eso quiero regalarte estas estrofas de una canción en portugués que es muy bella y habla de ese camino:

>Deixe-me ir
>Preciso andar
>Vou por aí a procurar
>Rir pra nao chorar
>Se alguém por mim perguntar
>Diga que eu só vou voltar
>Depois que me encontrar
>
>Quero assistir ao sol nascer
>Ver as aguas dos ríos correr
>Ouvir os passaros cantar
>Eu quero nascer
>Quero viver

Panchi, te quiero. Amarte es simple, no cuesta ningún esfuerzo, me das mucho amor y pedís poco a cambio, solo abrazos, besos y afecto. Me enseñás a todos el valor de tu sonrisa que ilumina a toda nuestra familia desde hace 15 años.

Diego, Coni, Euge y yo estamos acá para abrazarte y decirte lo mucho que te queremos en este día especial, tus 15 años.

Te quiero mucho, te amo,

tía Paula

a Diego

São Paulo, 08 de mayo 2017

Para vos, cómo pasa el tiempo, ¿no? Y aquí estamos en São Paulo, ¡cuántos lugares, cuánto vivido juntos!

Volví a releer las hojas, borradores del libro que comencé a escribir el 14 de diciembre 2007, me acuerdo que quería terminarlo para nuestro aniversario de 10 años de casados, 25 de abril del 2008. Ese día te di de regalo la tapa del libro, el índice, la dedicatoria y también el título "Nuestros años felices". Hoy, si tuviera que volver las páginas atrás, escribiría lo mismo que entonces, tal vez cambiando alguna palabra, pero no la esencia. Volví a la escritura a través de cartas que le escribí a mi madre, me dieron ganas de seguir lo prometido y agregar los últimos años vividos. Años de amor, de experiencias, de encuentros y desencuentros, y de un profundo aprendizaje para los dos. Creo que cambiaría el título, sacaría algunos capítulos y agregaría otros…

En febrero del 2016, cuando retomé el libro te escribí esta carta conservando las primeras líneas donde me había detenido en el capítulo "Diez años juntos, no es poco". Según mi maestro de Reiki, una década es lo que lleva en la vida el aprendizaje de algún arte, de alguna disciplina. El aprendizaje es continuo. La década siempre es necesaria. El paso del tiempo. Nuestros primeros diez *años en este arte, el del matrimonio, ha sido conocernos como pareja, amantes, padres y literalmente como compañeros de viaje, y mucho más... Crecimos y evolucionamos juntos mientras aprendíamos a sostener a una familia itinerante.*

Ese capítulo quedó inconcluso, lo quería dejar para el final, como cierre de lo que significó para mi compartir 10 años junto a vos. Había escrito: "nuestros primeros años compartidos, años geniales, felices e irrepetibles, en los que nos pasó lo mejor de nuestras vidas, encontrarnos y el nacimiento de nuestras hijas, Coni y Euge. Imaginé que este libro también nos servirá para cuando seamos viejitos y perdamos parte de nuestra memoria, nos ayudará a recordar lo vivido, lo amado, lo sentido a lo largo de nuestras vidas. Fueron años felices e intensos, de lo que no tengo dudas es que nuestro amor creció y maduró. Es complicado ser uno mismo y al mismo tiempo padres, esposos, amantes, jefes, amigos, hijos, hermanos, y todo que esos roles estén en armonía constante. Tenemos instantes de felicidad, a veces vienen de nuestras hijas, a veces de nosotros como pareja, a veces de un logro laboral, a veces nosotros mismos. El amor está, aunque por momentos se deje de atender, los dos sabemos que nos queremos muchísimo. La admiración y respeto mutuo nos han ayudado a remontar nuestros tiempos difíciles. Estar lejos de nuestro país y con hijos nos dio la libertad de descubrirnos nosotros cuatro como familia. Por momentos necesitamos que nos mimen nuestros padres, hermanos, amigos, necesitamos el

abrazo conocido y el afecto que no tenemos por estar lejos, lo exigimos a quien están a nuestro lado". Con estas líneas dejé el libro.

En mayo del 2016, te escribí que después de 18 años juntos, a nuestra pareja la une la atracción por lo opuestos, ambos somos distintos y lo opuesto nos atrae, ambos vacilamos entre lo rígido y lo flexible, entre planificado y lo espontáneo. De ahí partimos, y hemos ido adaptándonos uno al otro a lo largo de nuestro recorrido por distintos países, costumbres, idiomas… cada uno dando lo mejor de sí.

No siempre tenemos los mismos objetivos, no siempre nos gustan los mismos caminos. Me descubrí queriéndote y queriéndome más allá de nuestras diferencias.

Hoy, 8 de mayo 2017, un año después de aquella carta te estoy escribiendo nuevamente. Cómo pasa el tiempo, ¿no? Y aquí estamos en São Paulo, nuestro barco sigue navegando mares hace ya 19 años, tal vez toda una vida, nadie lo sabe. Nuestro barco tiene el tamaño del amor y la paciencia que cabe en él. Te amo desde el primer momento que te cruce en la facultad, tu sonrisa, tu buen humor, tu forma de comunicarte, tu inteligencia, me conquistaron. No sabía que había tanto que aprender de vos, Diego Novellino. Los dos sabemos que no tenemos que comprometernos a una sola forma del amor, las formas cambian siempre como las mareas y lo mejor para nuestro barco es seguir esas mareas. Nuestro amor es un compromiso de profunda verdad, quién sabe tal vez dentro de 10 años sigamos viviendo juntos o no, pero teniendo la tranquilidad de mirarnos a los ojos sabiendo que caminando juntos fuimos felices.

Nuestro barco ya navegó por muchos puertos, ya pasó tormentas y mares de quietud; jugamos, nadamos, bebimos té, nos acariciamos, nos amamos, lloramos, nos encontramos. Fuimos sacrificando la comodidad y las certezas, pero ganamos el asombroso regalo de sentirnos vivos, de conocer mundos y de descubrirnos en esos mundos. Tal vez, necesitemos permanecer por un tiempo prolongado en algún puerto, nuestro barco está precisando pasar anti oxido, renovar la pintura, reparar el mástil y algunas velas que quedaron dañadas después de la última tormenta.

Aquí estamos en Brasil acompañándonos de nuevo. Hoy te sigo eligiendo como hombre, como padre y como compañero de vida. Te quiero, te adoro y sigo creyendo en nosotros.

Gracias por tu sonrisa de todos los días, que nunca nos falte ese mirarnos a los ojos y reírnos juntos hasta llorar de la risa.

Te quiero,

Paula

a mis hijas

São Paulo, 10 de mayo de 2017

Queridas hijas

Las amo, ¿hasta dónde?, hasta el infinito y más allá. Ser la mamá de ustedes es lo más lindo que me pasó en la vida, verlas crecer, verlas felices, verlas abrazar a los seres queridos, a los amigos, le hace bien a mi alma. La vida que compartimos juntas es una aventura desde que estaban en la panza de mamá, desde que nacieron. Viajamos juntas muchas millas, viajamos juntas a muchos lugares, junto a papá, que también las ama.

Son hermosas compañeras de viaje, hermosas por dentro y por fuera. Siempre dando lo mejor de ustedes para comenzar la nueva escuela, comenzar con los nuevos amigos, comenzar con la nueva vida. El corazón de las dos es grande, lleno de amor para dar y para recibir, se hincha cada vez que hacen nuevos amigos y se llena de agujeritos cuando tienen que dejar esos amigos. Nadie sabe si es para toda la vida o es solo por un tiempo.

Jamás hubiéramos sido una familia feliz sin las dos. Son mi luz, son mi sol cada mañana, son mi luna llena cada noche. Cuando estoy lejos las extraño, cuando estoy cerca las abrazo. Ser mamá de este par de mujercitas es una enorme alegría. Sigan siendo quienes son, que lo están haciendo ¡muy pero muy bien!

Les digo de nuevo: las amo hasta el infinito y más allá.

En esta carta quiero contarles una historia. Había una vez una niña que se llamaba Paula, a ella le gustaba ir con la familia al río todos los fines de semana, hacer excursiones por la isla con sus hermanos, salir a pescar, a nadar, andar en lancha con su papá. Le gustaba ir al colegio, pero más le gustaba volver a casa a la tarde donde la abuela Rosa siempre le preparaba tostadas con manteca y mermelada. A esa niña le encantaba jugar el fútbol en el jardín del fondo de la casa, trepar a los árboles, armar casitas con chapas y maderas, andar en bicicleta por las veredas con la pandilla de amigos del barrio, leer libros de aventuras, sobre todo de ciencia ficción, de Ray Bradbury. Paula se divertía jugando con sus hermanos. Manuel era el que tenía los juguetes que le gustaban a Paula, él era muy ordenado y cuidadoso con sus juguetes. Paula siempre esperaba que su hermano la llamara para jugar al fútbol o a los soldaditos, Manuel era el hermano mayor. Sus hermanas, Mariana y Melania, jugaban con las barbies o a la maestra, el único alumno que tenían en la clase era su hermano menor, Sebastián, pero él prefería jugar con los playmobil, igual, ellas lo perseguían para tenerlo de alumno. No tenía opción, era el hermano menor.

En la escuela a Paula le gustaba estudiar, tener amigas y jugar al fútbol en el recreo, pero no le gustaba hablar mucho ni de ella ni de otras personas. Ella encontraba una manera de comunicarse a través de una sonrisa, a través de una mirada. La maestra de primer grado no se daba cuenta de eso, entonces la directora le pidió a la mamá, que se llamaba Lydia, que le hiciera unos estudios porque la niña tenía dificultades para poder expresarse, comunicarse. La mamá nunca pensó que Paula tuviese un problema de comunicación o lenguaje, ella la conocía bien, era una niña normal. Esos estudios se hicieron y la niña no tenía nada. Igualmente la directora pidió que Paula fuera una vez por semana a una psicopedagoga y así, la niña aprendió a comunicarse como quería la escuela. Pasaron los años, la niña creció y siguió descubriendo nuevas formas de comunicarse. La ayudó, a partir de sus 20 años, viajar por el mundo, por lugares con diferentes lenguas porque confirmó lo que ya sabía cuando era niña, que había otras formas de comunicarse: a través de una sonrisa, a través de una mirada, a través de un abrazo, a través del alma. Así se reencontró con la forma de expresarse que tenía de niña. Como esta historia podría contarles otras búsquedas…

Mis amores: si algo les puede enseñar mamá es que nunca dejen de buscarse a sí mismas. Descubran su esencia y vayan por ella. No hay mejor forma de ser feliz que ser uno mismo. La mejor muestra de amor es darse espacio para brillar con la propia luz. Ambas ya lo hacen como hijas, como nietas, como amigas, como hermanas, como primas. La vida es como un tren, pueden mirar

por la ventana, pueden ir tan lejos como quieran o pueden bajarse en cualquier estación. Sigan su corazón y serán inmensamente felices.

Mis amores: a lo largo de mi vida descubrí la importancia de los pequeños momentos, de las simples cosas, por eso nunca olviden de…

*disfrutar un baño sin prisa,
ver una estrella y pedir un deseo,
escuchar su canción preferida,
leer un libro,
mirar un álbum de fotos,
disfrutar una caminata bajo la lluvia,
decirles a las personas amadas cuanto las quieres,
dar un abrazo a una amiga,
sorprender a tus seres queridos sin motivo,
pasar el tiempo en familia,
frente al mar, cerrar los ojos y escuchar las olas,
terminar un proyecto deseado,
reír a carcajadas,
recibir al nuevo día con una sonrisa
y sobre todas las cosas,
¡Jamás olviden que la Vida es Bella!*

¡Las quiero, las adoro, las amo hasta el infinito y más allá!
Mamá

Mami, nadie sabe el tiempo que cada uno vivirá. Tu tiempo con nosotros fue el suficiente para amarnos y construirnos como familia. Ese fue tu tiempo, en ese camino, tu camino como madre, nos enseñaste que la vida a veces duele, a veces hiere, que no es perfecta, pero que a pesar de todo "La vida es bella".

La autora

Paula Ariana Ron nació en la Argentina. Buenos Aires, el 27 de septiembre de 1971. Se graduó de Contador Público en la Universidad de Buenos Aires. Desde los 29 años ha vivido en distintas ciudades del mundo. En lo últimos años se ha dedicado a construir y reformar viviendas, al Reiki y a la escritura en la devoción por entender, integrar y profundizar el encuentro con lo concreto y lo espiritual.

Paula Ron es parte del Colectivo de autores de géneros referenciales.

Sus relatos forman parte de volúmenes XI y XII de la Colección de autobiografías, historia familiar y autoficción que edita VH Libros.

Actualmente prepara junto con la escritora Virginia Haurie Entre mujeres, un libro que reúne historias de mujeres de distintas partes del mundo entre los 35 y 50 años. Son hijas de las generaciones que empezaron a ocupar espacios que hasta entonces les había estado vedado. Son las que quisieron realizarse fuera del hogar, pero sin dejar la carga de los mandatos ancestrales que habían heredado de madres y abuelas.

Estas jóvenes mujeres, hijas de aquellas, hoy son madres de la generación Z, también conocida como centennials.

Sus historias recorren problemáticas comunes a todas las mujeres cualquiera sea su raza o país de origen como son sexualidad, diversidad, maternidad, trabajo, la relación de pareja, violencia de género, el impacto de la globalización, la tecnología y el consumo.

Este libro cuenta con la colaboración de Camila Uribe, milennial y talentosa escritora.

paula.ariana.ron@gmail.com

Printed in the USA
CPSIA information can be obtained
at www.ICGtesting.com
LVHW052302021224
798166LV00041B/1454